Ullstein

Über das Buch

In der Hauptrolle: Brad Pitt. *Sieben Jahre in Tibet – das Filmbuch* berichtet von einem der ungewöhnlichsten und ehrgeizigsten Projekte Hollywoods: der Verfilmung von Heinrich Harrers 1952 erstmals bei Ullstein erschienenen Erinnerungen an seine abenteuerliche Flucht aus einem indischen Internierungslager während des zweiten Weltkrieges, an sein Leben in Lhasa und die dort entstandene Freundschaft mit dem Dalai Lama. Jean-Jacques Annaud, der Meister des opulenten Bildes, hat die Herausforderung dieses vielseitigen Stoffes angenommen, und es ist ihm auf der Grundlage des Weltbestsellers gelungen, ein unvergeßliches Panorama der letzten Jahre des sagenumwobenen Gottkönigtums in Freiheit zu entfalten. Innerhalb von nur wenigen Tagen wurde *Sieben Jahre in Tibet* in den Vereinigten Staaten zu einem der meistbesuchten Filme. Das Begleitbuch bietet neben dem Storyboard Produktionsberichte sowie Hintergrundmaterial und steht Annauds Œuvre mit 64 Farbseiten und historischen Aufnahmen an optischem Reiz nicht nach.

Sieben Jahre in Tibet

Das Filmbuch

von Jean-Jacques Annaud, Becky Johnston und Laurence B. Chollet

Drehbuch: Becky Johnston
Vorwort: Jetsun Pema
Nachwort: Robert A. F. Thurman

Fotos von
Jean-Jacques Annaud, David Appleby, Pat Morrow, Bill Kaye
mit historischen Aufnahmen von Heinrich Harrer

Redaktion: Alisa Tager

Ullstein

Die Deutsche Bibliothek - CIP-Einheitsaufnahme

Sieben Jahre in Tibet : das Filmbuch / von Jean-Jacques Annaud … Drehbuch:
Becky Johnston. Vorw.: Jetsun Pema. Nachw.: Robert A. F. Thurman.
Fotos von Jean-Jacques Annaud … Mit historischen Aufnahmen von Heinrich Harrer.
Red.: Alisa Tager. [Aus dem Amerikan. von Waltraud Götting und Petra Kaiser]. -
Berlin : Ullstein, 1997
(Ullstein-Buch ; Nr. 35759)
Einheitssacht.: The seven years in Tibet <dt.>
ISBN 3-548-35759-8

Ullstein Buchverlage GmbH & Co. KG, Berlin
Taschenbuchnummer: 35759
Titel der amerikanischen Originalausgabe:
The Seven Years in Tibet,
erschienen bei Newmarket Press, New York, 1997
Aus dem Amerikanischen von
Waltraud Götting, Wiesbaden (Drehbuch)
und Petra Kaiser, Berlin

Zusammenstellung und Gestaltung © 1997 by Newmarket Press
Vorwort von Jetsun Pema © 1997 by the author
Nachwort von Robert A. F. Thurman © 1997 by the author
Andere Texte und Drehbuch © 1997 by Mandalay Entertainment

Für die deutschsprachige Ausgabe:
© by Ullstein Buchverlage GmbH & Co. KG, Berlin

November 1997

Umschlag: Hansbernd Lindemann, Fotos und Bilder aus dem Film
© 1997 by TriStar Pictures, Inc.,
hinten: © by Jean-Jacques Annaud (oben),
© 1997 by Mandalay Entertainment (unten)
Alle Rechte vorbehalten
Satz: LVD GmbH, Berlin
Druck und Bindung: Clausen & Bosse, Leck
Printed in Germany 1997
ISBN 3-548-35759-8

Gedruckt auf alterungsbeständigem Papier
mit chlorfrei gebleichtem Zellstoff

Inhalt

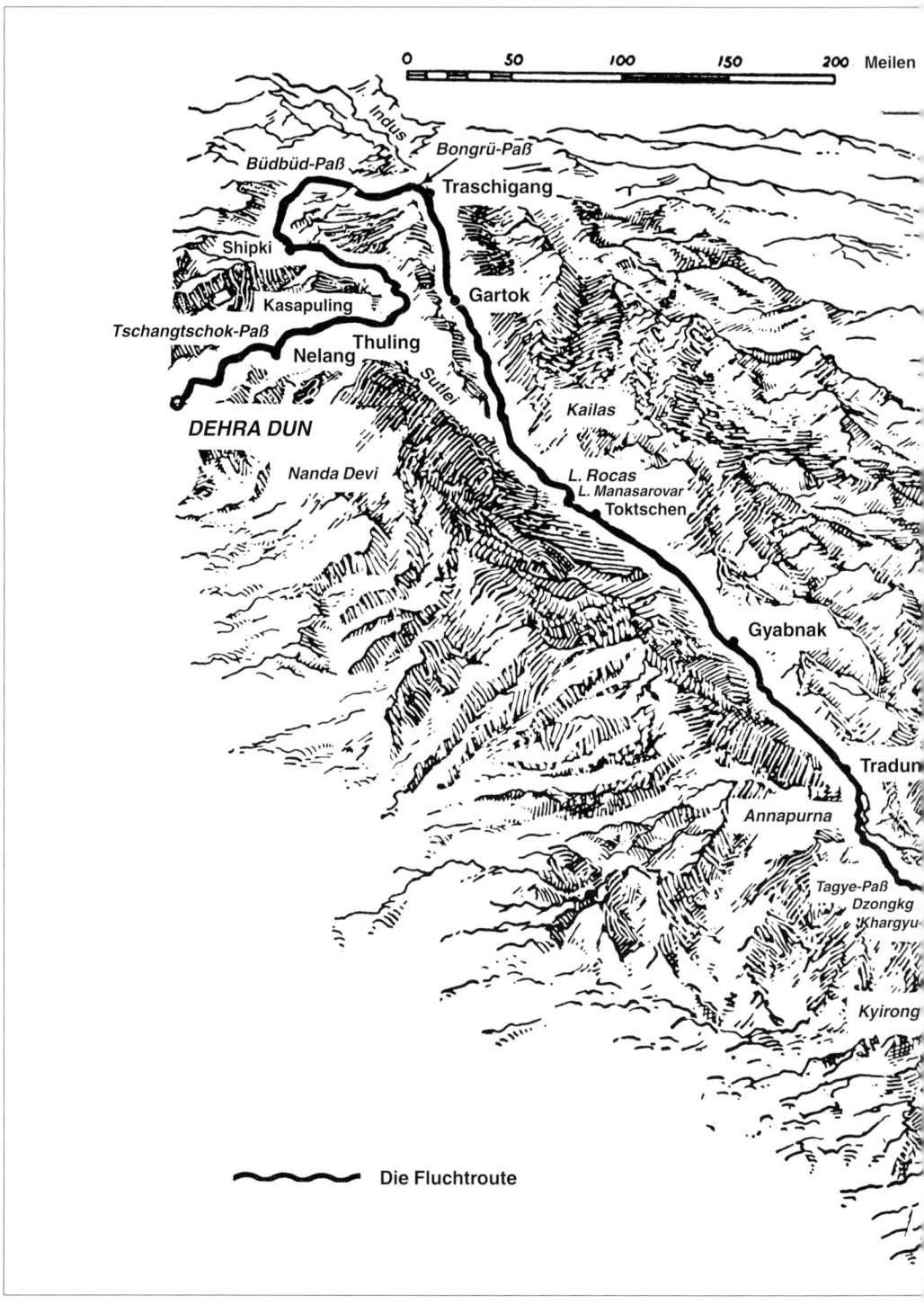

0   50   100   150   200 Meilen

Indus

Bongrü-Paß

Büdbüd-Paß

Traschigang

Shipki

Gartok

Kasapuling

Tschangtschok-Paß

Thuling

Nelang

Sutlei

DEHRA DUN

Kailas

Nanda Devi

L. Rocas
L. Manasarovar
Toktschen

Gyabnak

Tradun

Annapurna

Tagye-Paß
Dzongkg
Khargyu

Kyirong

〜〜〜〜 Die Fluchtroute

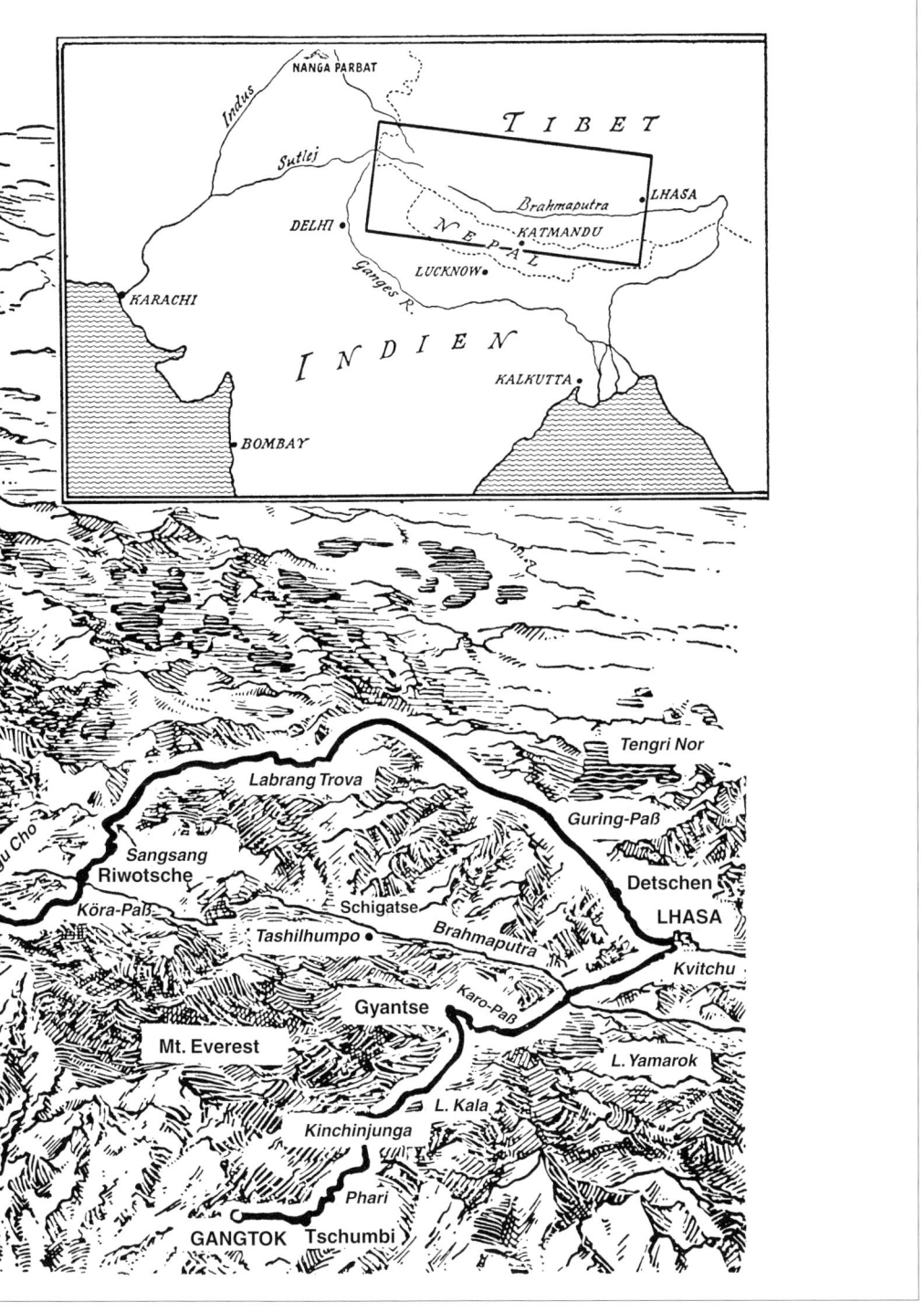

Die Familie des Dalai Lama: sein Neffe, seine ältere Schwester, seine Mutter und seine jüngere Schwester Jetsun Pema (vordere Reihe von links nach rechts). Die anderen gehören zur Dienerschaft. Historische Aufnahme von Heinrich Harrer.

Jetsun Pema*
Das verlorene Tibet

Obwohl die Tibeter in kleinen Gemeinden über ganz Indien verstreut leben, verbreiten sich Neuigkeiten sehr schnell. Unter den im Exil lebenden Tibetern, deren Zahl weltweit auf 130 000 geschätzt wird, ging die Nachricht, daß in Hollywood zwei Filme über Tibet geplant waren, wie ein Lauffeuer um.

Als die für die Besetzung Zuständige zu mir kam, wußte ich also schon Bescheid. Sie fragte mich, ob ich zu einem Treffen mit dem Regisseur Jean-Jacques Annaud in Delhi bereit wäre, und ich stimmte zu.

Einige Zeit später trafen wir uns. Annaud bat mich, in dem Film mitzuspielen, und ich sagte ihm, daß ich zuerst das Drehbuch lesen und einen seiner früheren Filme sehen wolle. Ich schaute mir *Der Bär* an und war tief bewegt. Dieser Film hat eine wunderbare Beziehung zum wichtigsten Anliegen des Buddhismus, nämlich Mitgefühl zu erzeugen. Ich hatte den Eindruck, daß ein Mensch, der einen Film wie *Der Bär* gemacht hat, in bezug auf Tibet mit der gleichen Sensibilität vorgehen würde.

Ich habe lange über *Sieben Jahre in Tibet* und meine eigene Rolle darin nachgedacht. Meine Kinder und Verwandten drängten mich, das Angebot anzunehmen, weil sie sich für die Rolle meiner Mutter keine bessere Besetzung vorstellen konnten. Deshalb sagte ich schließlich zu, als ich Annaud das nächste Mal traf.

Für alle Tibeter, die in dem Film mitspielten, war es eine unvergeßliche Erfahrung. Ob alt oder jung, wir alle lernten eine Menge über Tibet in den vierziger Jahren. Die älteren Leute erlebten noch einmal die jüngste Vergangenheit unseres Landes, und einige von ihnen verkörperten genau die Rolle, die sie bei den tragischen Ereignissen in Tibet schon einmal gespielt hatten. Die Jüngeren waren sehr bewegt, weil sie ihr Heimatland, von dem sie bisher nur gehört hatten, zum ersten-

---

* Jetsun Pema ist die Schwester Seiner Heiligkeit des 14. Dalai Lama

mal mit eigenen Augen sahen und ihnen die reiche Tradition und wundervolle Kultur unseres Landes nahegebracht wurde. Viele konnten kaum glauben, daß Tibet wirklich so war, wie es im Film geschildert wurde. Dadurch wurde ihr Interesse geweckt, und ihr Engagement für die Befreiungsbewegung begann sich zu entfalten.

Der Film schildert eindringlich Tibets qualvolle Geschichte. *Sieben Jahre in Tibet* erzählt von den beiden österreichischen Bergsteigern Heinrich Harrer und Peter Aufschnaiter, die aus dem britischen Internierungslager in Indien flüchteten, nach Tibet entkamen und dort von den Tibetern als Freunde aufgenommen wurden. Der Film endet damit, daß die chinesischen Streitkräfte in Tibet einmarschieren und Kultur und Lebensfreude der friedliebenden Tibeter zerstört werden. Daraufhin beschließt Harrer, das Land zu verlassen, in dem er sieben wundervolle Jahre verbracht hatte.

Genau in dem Augenblick, als Harrer Tibet verließ, fand auch die friedliche Existenz der Tibeter ein tragisches Ende. Jahrhundertelang herrschte in Tibet der Glaube, die Welt werde das Land schon in Ruhe lassen, und deshalb war man, als die Chinesen einmarschierten, auf eine Selbstverteidigung gar nicht vorbereitet. Am Ende war Tibet, wie Harrer es gesehen hatte, das Tibet der vierziger Jahre, das Tibet, das den Mythos und den Traum von Shangri-La inspiriert hatte, für immer verloren.

An der Entstehung von *Sieben Jahre in Tibet* waren Angehörige von mehr als 25 verschiedenen Nationalitäten beteiligt. Die kleine Stadt Uspallata in den argentinischen Anden wurde praktisch von uns übernommen. Alle waren freundlich, und es ging äußerst friedfertig zu – genau wie im alten Tibet. Für die beteiligten Tibeter kam noch etwas Wunderbares hinzu: Seit Beginn des Exils lebten sie in verschiedenen Ländern und hatten nun zum erstenmal die Möglichkeit, sich wiederzusehen.

Die treibende Kraft in diesem gewaltigen Unternehmen war der Regisseur selbst. Jean-Jacques Annaud arbeitete sehr hart, vom frühen Morgen bis spät in die Nacht, sieben Tage die Woche. Sein Vertrauen darauf, daß jeder einzelne sein Bestes geben würde, um zum Gelingen des Films beizutragen, ermutigte uns ungemein. Die ganze Truppe – Schauspieler und Crew – arbeitete sehr effizient und harmonisch, und wir alle wurden zu einer großen Familie.

Die vielen verschiedenen Schauplätze, an denen man vom Potala über den Jokhang bis zu den Straßen von Lhasa vieles originalgetreu nachgebaut hatte, machten auf alle Tibeter großen Eindruck. Wir sahen diese Ikonen der tibetischen Identität und wußten, daß die Originale nicht mehr existieren. Für mich persönlich war die Möglichkeit, das Tibet meiner Kindheit noch einmal zu erleben und die Rolle meiner eigenen Mutter zu spielen, eine wunderbare, bewegende Erfahrung. Oft hatte ich Tränen in den Augen und mußte mir selbst klarmachen, daß das Ganze doch »nur ein Film« war.

Durch die Mitarbeit an *Sieben Jahre in Tibet* wurde uns bewußt, daß es dieses wunderschöne Land nicht mehr gibt. Der Film war wie ein Traum, aus dem niemand erwachen wollte, doch wir alle hoffen, daß dieser Traum eines Tages in Erfüllung geht.

Jean-Jacques Annaud
Die Metamorphose der Seele

Meine ganze Kindheit hindurch quälte mich die Furcht, daß ich meinem Vater gleichen könnte. Zwei Schlüsselereignisse markierten meinen Übergang von der Kindheit zum Erwachsenendasein: die Erkenntnis, daß mein Vater gar nicht mein Vater war, und meine Entdeckung Afrikas, die mich in die Lage versetzte, den Dschungel in meinem Inneren zu erkunden. Alle meine Filme drehen sich mehr oder weniger um diese Furcht und diese beiden Schockerlebnisse.

Mein erster Film *Sehnsucht nach Afrika* erzählt die Geschichte eines jungen französischen Intellektuellen, der sich durch seine Begegnung mit dem afrikanischen Kontinent von Grund auf verändert. Zwanzig Jahre und acht Filme später erzählt *Sieben Jahre in Tibet* die Geschichte eines jungen Österreichers. Anfänglich ist er egozentrisch und opportunistisch, und erst dadurch, daß er längere Zeit in einer Kultur lebt, die sich von seiner und unserer weitgehend unterscheidet, und mit Menschen Umgang hat, die von einem vollkommen anderen Wertesystem geleitet werden, entwickelt er sich zu einem nachsichtigen menschlichen Wesen.

Kann man denn – wie ich einst als Kind so sehr hoffte – durch Wissen, Aufklärung und das Bemühen, sich selbst zu vervollkommnen, tatsächlich all das korrigieren, was durch Vererbung determiniert ist? Kann Kultur die Natur korrigieren? Kann die Vernunft über den Instinkt triumphieren? In *Am Anfang war das Feuer* wird mein Neandertal-Held tatsächlich menschlicher, als er einem Stamm begegnet, der weiter entwickelt ist als sein eigener. Auf dieser Initiationsreise macht er Fortschritte, genauso wie mein junger Protagonist in *Der Bär*. Auch der Bär begegnet einem anderen Stamm, dem Stamm der Menschen, der äußerst seltsame Sitten hat, und diese Unterschiede führen schließlich bei beiden zu gegenseitiger Bereicherung.

In *Der Name der Rose* stehen die Faszination der Bücher und die dazugehörige Hoffnung, die aus dem Wissen erwächst, im Zentrum. Dabei habe ich versucht, die zahllosen Elemente dieses überreichen Romans in der Geschichte eines jungen

Novizen zu bündeln, der seine Lehrzeit in einem Kloster verbringt, in dem man sich eigentlich wissenschaftlichen Studien widmet. Doch hinter der Fassade aus Gelehrsamkeit entdeckt er schließlich die Wahrheit: eine Welt, in der die wilde Natur des Instinktes über den beruhigenden Luxus der Kultur triumphiert.

In *Der Liebhaber* dient nicht Afrika, sondern Asien als Katalysator. Im Mittelpunkt steht in diesem Fall eine junge weiße Frau, die sich in der stickigen Atmosphäre einer Saigoner Junggesellenstraße an einen Chinesen anschließt und dabei zu sich selbst findet. Bereichert durch die gegenseitige Befruchtung zweier Kulturen, in der sich Treibsand von Mekong und Seine mischt, wird diese Frau später eine der angesehensten Intellektuellen ihrer Zeit.

Um wenigstens die Illusion aufrechtzuerhalten, daß nicht jedesmal derselbe Text wiederholt wird, versuche ich stets, Masken und Kostüme zu wechseln. Aber in allen Verkleidungen bleibe ich doch stets der kleine besorgte Junge, der immer noch nach Antworten auf dieselben Fragen sucht. Ich hoffe, Sie werden ihm verzeihen, daß er schon wieder denselben Film gemacht hat.

Laurence B. Chollet

Am Anfang war das Herz

Jean-Jacques Annaud
und die Dreharbeiten zu *Sieben Jahre in Tibet*

Jean-Jacques Annaud gilt als Regisseur der Extraklasse. Diesen Ruf verdankt er Filmen wie *Am Anfang war das Feuer, Der Name der Rose* und *Der Bär*, die derart unkonventionell sind, daß man seither selbst in Hollywood glaubt, jedes extravagante Projekt müsse ihn zu Begeisterungsstürmen hinreißen.

In seinem Büro stapeln sich deshalb Unmengen von Geschichten, mit denen keiner so recht etwas anzufangen weiß: Geschichten von Pferden und weiblichen Piraten, Epen über die spanischen Conquistadores oder Lebensgeschichten ungewöhnlicher Leute wie dem legendären Kriegsfotografen Robert Capa. Oft landet dann derartiges Material bei Annaud persönlich. Daher war es auch nicht sonderlich überraschend, als vor drei Jahren plötzlich ein Drehbuch über einen Bergsteiger auf seinem Schreibtisch auftauchte.

»Eines Tages kam ein Agent von ICM mit einem Skript zu mir und sagte: ›Sie sollten das mal lesen. Das müßte Sie eigentlich interessieren.‹ Und ich las ein sehr schlechtes Drehbuch über die wahre Geschichte des Bergsteigers Heinrich Harrer, der nach Tibet geflohen war und als erster Ausländer mit dem Dalai Lama Freundschaft schloß«, erinnert sich Annaud. »Der Aufbau der Handlung faszinierte mich, also kaufte ich mir das Original, las es und war immer noch fasziniert. Aber irgend etwas fehlte. Der Autor sprach von Blasen an den Füßen, doch von Wunden in seinem Herzen sprach er nie … Die wollte ich aufspüren.«

Diese »Wunden« spürte Annaud tatsächlich auf und noch weit mehr, und was bei dieser Suche herauskam, ist jetzt in *Sieben Jahre in Tibet* zu sehen, mit Brad Pitt und David Thewlis in den Hauptrollen und einer internationalen Besetzung, zu der auch 150 Tibeter gehören, unter anderem Jetsun Pema, die Schwester Seiner Heiligkeit des vierzehnten Dalai Lama.

Der Film erzählt Teile der Lebensgeschichte des legendären österreichischen Bergsteigers Harrer, der 1939 auszog, um den Nanga Parbat zu besteigen, von den Briten in einem Kriegsgefangenenlager in Indien interniert wurde und dann nach

Tibet floh, wo er sieben Jahre blieb und schließlich der erste westliche Lehrer – und Freund – des jungen Dalai Lama wurde. Der Film zeichnet die spirituelle Entwicklung von Harrer (gespielt von Brad Pitt) nach, der mit Hilfe seines Freundes und Bergkameraden Peter Aufschnaiter (David Thewlis) durch den tibetischen Buddhismus zu einem neuen Leben findet.

Diese Geschichte war ganz nach Annauds Geschmack. Er ist nämlich sehr stolz darauf, daß seine Filme an abgelegenen Orten und unter extremen Bedingungen gedreht wurden, und liebt Geschichten über Leute, die durch ihren Kontakt zur Natur oder zu fremden Kulturen eine emotionale Wandlung erfahren. In all seinen Filmen taucht dieses Thema auf – von seinem ersten Film *Sehnsucht nach Afrika*, der im Ersten Weltkrieg im kolonialen Westafrika spielt, bis zu seinem letzten *Wings of Courage*, einer 3-D-Produktion der IMAX über den legendären französischen Flieger Henri Guillaumet, der mit seinem Flugzeug in den Anden abstürzte und mit heiler Haut davonkam.

Um derartige Konflikte auszuloten, vertieft sich Annaud in seine Filmthemen und läßt mit Hilfe der besten Techniker und Fachleute ganze Welten von Grund auf neu erstehen. Diesmal aber war die Herausforderung beispiellos, selbst für Annaud. Schließlich handelte es sich bei Tibet um ein Land, das sich jahrhundertelang ganz und gar gegen westliche Blicke abgeschottet hatte. Harrer und Aufschnaiter gehörten zu den wenigen Personen aus dem Westen, die jemals die Erlaubnis erhielten, in Lhasa, der sogenannten Verbotenen Stadt, zu leben. Folglich gibt es kaum zuverlässige Berichte aus erster Hand, und selbst allgemeine Informationen über das Land sind nur beschränkt verfügbar.

Dies wurde durch die Chinesen keineswegs besser. Nachdem sie Tibet 1949 besetzt hatten, regierten sie das alte Königreich wie eine eroberte Provinz: Klöster wurden geplündert, Mönche und Nonnen ermordet, und im Jahre 1959 wurden der Dalai Lama und viele seiner Gefolgsleute zur Emigration gezwungen.

Da Tibet folglich als Drehort nicht in Frage kam, dachte Annaud zunächst an Nordindien. Anfang 1996 hatte er auf der Suche nach Drehorten mehrere Monate dort verbracht, mit entsprechenden Vorbereitungen begonnen und bereits drei Millionen Dollar investiert, als seine Pläne schließlich im letzten Augenblick dadurch vereitelt wurden, daß ihm die indische Regierung – angeblich auf Druck Chinas – im April offiziell die Dreherlaubnis verweigerte. Annaud ließ sich jedoch nicht entmutigen und verlegte die gesamte Produktion kurzerhand auf die andere Seite der Erdkugel in die Hochebenen der Anden im westlichen Argentinien. Dort begann er damit, sein eigenes »Tibet« aufzubauen.

»Wir haben ein doppeltes Ziel«, sagt Annaud. »Einerseits wollen wir einen sehr guten Unterhaltungsfilm machen, andererseits soll der Film die tibetische Kultur so zeigen, wie sie einmal war.«

Eine verborgene Welt

In gewisser Weise ist Harrers Geschichte genau aus dem Stoff, aus dem in Hollywood Träume gemacht werden. Es gibt atemraubende Bilder, eine spannende Handlung und Bezüge zu wirklichen Ereignissen. Schließlich war es keine beliebige Person, mit der Harrer Freundschaft schloß, sondern der Dalai Lama, zweifellos einer der bekanntesten geistlichen Führer der Welt. 1989 wurde er für seine gewaltlose Kampagne gegen die chinesische Herrschaft in Tibet mit dem Friedensnobelpreis ausgezeichnet.

Nicht zuletzt hat die Faszination der Geschichte aber auch mit dem »Land des ewigen Schnees«, also mit Tibet selbst zu tun, das jahrhundertelang den Blicken von Europäern verschlossen blieb. Einer der Hauptgründe dafür war sicher seine Lage, denn Tibet, das mit 1 222 000 Quadratkilometern Fläche etwa so groß ist wie Westeuropa, liegt auf einem 4000 Meter über dem Meeresspiegel gelegenen Hochplateau. Im Süden bilden Himalaja und Mount Everest (8848 m), im Norden das Kun-lun-Gebirge (7724 m) seine Grenzen.

Durch diese natürliche Barriere war das Land praktisch von der Außenwelt abgeriegelt, und durch die buddhistische Religion wurde diese Isolation noch zusätzlich gefördert. Im 7. Jahrhundert war der Buddhismus aus Indien nach Tibet gekommen, und bis zum 17. Jahrhundert hatte sich das Land zu einem theokratischen Staat unter der geistigen und politischen Führung des Dalai Lama entwickelt.

Dessen Nachfolge wurde nicht durch Wahl, sondern durch Reinkarnation bestimmt. Die tibetischen Buddhisten glauben, daß es nur einen Dalai Lama gibt, der immer wiedergeboren wird. Wenn der herrschende Dalai Lama starb, schickte

Um 1950 fotografierte Heinrich Harrer den dreijährigen Drigung Rinpoche, der nach seiner Entdeckung als inkarnierter Lama das Haus seiner Großeltern verließ, um in einem Kloster erzogen zu werden. Harrers historische Aufnahme erscheint hier ohne unmittelbaren Bezug zum Inhalt des Kapitels.

man Mönche aus, um im ganzen Land nach seiner Wiedergeburt in Gestalt eines kleinen Jungen zu suchen. Hatte man ihn gefunden, wurde der Junge nach Lhasa gebracht und von den Mönchen ausgebildet, bis er volljährig wurde und zum »Dalai Lama« gekrönt werden konnte. (Gegenwärtig amtiert der 14. Dalai Lama. Sein Name ist Tenzin Gyatso, er wurde 1935 geboren und 1938 in dem kleinen Bauerndorf Takster in der Provinz Amdo entdeckt.)

Die Macht des Dalai Lama wurde durch eine große Anzahl von Mönchen gestützt. Bisweilen gehörten mehr als zwanzig Prozent der männlichen Bevölkerung einem der zahlreichen buddhistischen Orden an. Jede Stadt hatte ein eigenes Kloster, in dem die Mönche in der Meditation und anderen rituellen Künsten, wie zum Beispiel der Herstellung von Mandalas, aufwendigen Bildern aus bunten Sandkörnern, unterwiesen wurden. Auf diese Weise dienten die Klöster, von denen viele

Im Film spielen im Exil lebende tibetische Mönche sich selbst. Hier sieht man sie bei der Herstellung eines Mandala. Mit Ausnahme der historischen Aufnahmen von Heinrich Harrer, die als solche gekennzeichnet sind, stammen alle Fotos dieses Kapitels aus der Produktion von Sieben Jahre in Tibet.

eine Privatarmee unterhielten, den jeweiligen lokalen Gemeinschaften als geistige, intellektuelle und politische Zentren.

Innerhalb der tibetischen Regierung besaß der Gelupga-Orden eine enorme Machtposition. Er kontrollierte die riesigen Klosterkomplexe in Drebung, Sera und in der Hauptstadt Lhasa und setzte alles daran, den theokratischen Staat zu erhalten, indem er jede Modernisierung verhinderte und die Zahl auswärtiger Besucher drastisch beschränkte.

Deshalb blieb Tibet stets ein verschlossenes, geheimnisvolles Land. Bevor die Briten 1904 eine Handelsmission in Lhasa eröffneten, war das Land von Europäern nur in seltenen Ausnahmefällen betreten worden, und keiner von ihnen hatte dort jemals länger gelebt.

Das änderte sich, als die chinesischen Kommunisten 1950 historische Gebietsansprüche geltend machten, Tibet besetzten und dem Land einen Vertrag aufzwangen, durch den es seine Souveränität verlor. Formal garantierte diese Verein-

Viele größere Rollen werden von bekannten asiatischen Schauspielern gespielt. In dieser Szene flieht der Japaner Mako als Minister Tsarong mit anderen Tibetern vor den Chinesen.

barung dem Dalai Lama die Herrschaft und gewährte Religionsfreiheit. Tatsächlich aber verschärften die Chinesen in den fünfziger Jahren ihre Kontrolle erbarmungslos und zwangen 1959 den Dalai Lama und seine Kabinettsmitglieder zur Flucht nach Nordindien, wo sie in Dharamsala eine Exilregierung gründeten. Damals folgten ihm ungefähr 80 000 Menschen, und heute leben in Indien, Nepal, Bhutan und Sikkim mehr als 100 000 Tibeter, die den Dalai Lama als ihr geistliches und politisches Oberhaupt anerkennen.

Erneut war das Land fast zwei Jahrzehnte lang für Ausländer verboten, da die Chinesen eine furchtbare Repressionskampagne gegen die buddhistische Kultur entfesselten. Schätzungsweise 1,2 Millionen Tibeter fanden den Tod, mindestens hunderttausend wurden ins Gefängnis geworfen und 6000 Klöster zerstört. Systematisch plünderten die Chinesen die buddhistischen Kunstschätze, vernichteten in weiten Teilen des Landes die Wälder und schlachteten alle einheimischen Wildtiere ab, deren sie habhaft werden konnten.

Erst Ende der achtziger Jahre wurden einige berühmte Schreine und Klöster wieder aufgebaut und neu eröffnet, um westliche Touristen mit ihren Dollars anzulocken. Aber noch heute sind große Gebiete, besonders in den abgelegenen Nordprovinzen entlang der chinesischen Grenze, für westliche Touristen gesperrt. Diese Gebiete sollen zur Lagerung nuklearer Abfälle und möglicherweise sogar – wie einige Menschenrechtsorganisationen behaupten – als Internierungslager genutzt worden sein.

Metamorphosen

Zu den Wechselfällen der tibetischen Geschichte gesellte sich Harrers eigene dramatische Lebensgeschichte. 1938 gehörte er zu der Gruppe, die als erste die tödliche Eigernordwand (ungefähr 1828 Meter schieres Eis) in den Schweizer Alpen bestieg. Dadurch erhielt er die Chance, an der Besteigung des 8125 Meter hohen Nanga Parbat im Himalaja teilzunehmen.

Den Gipfel sollte er nie erreichen, denn der Zweite Weltkrieg brach aus, und gemeinsam mit seinem Gruppenleiter Peter Aufschnaiter und zwei weiteren Gefährten wurde er von den Briten gefangengenommen und interniert. Harrers Flucht und der Fußmarsch von Indien nach Tibet, für den Harrer und Aufschnaiter beinahe zwei Jahre brauchten, da sie dreißig Bergpässe in einer Höhe von 4572 bis 6096 Metern passieren mußten, gelten als eine der größten bekanntgewordenen bergsteigerischen Leistungen überhaupt. Allein die Tatsache, daß sie sich ohne moderne Hilfsmittel wie Sauerstoffflaschen und High-Tech-Geräte in solch extremer Höhe bewegen konnten, ist schier unglaublich.

Seine Bergsteigerkünste machten Harrer in den dreißiger Jahren in Deutschland zum Volkshelden. Er wurde als nationaler Held gefeiert, mit Adolf Hitler fotografiert und als Sporttrainer im Rang eines Feldwebels als Ehrenmitglied in die SS aufgenommen. Und er nutzte seine Beziehungen, um seine Bergsteigerkarriere zu fördern.

»Ich wurde Mitglied der nationalsozialistischen Organisationen, weil ich Berge

Der echte Heinrich Harrer, auf diesem Archivbild mit seinem Diener, sitzt auf der Flanke des 7314 Meter hohen Chomo Lhari, einem heiligen Berg an der Grenze zwischen Tibet und Bhutan.

besteigen wollte«, erklärte der 85jährige Harrer, als seine Nazivergangenheit im Sommer 1997 ans Licht kam. »Wäre ich nicht eingetreten, hätte ich 1939 niemals an der Nanga-Parbat-Expedition teilnehmen können.«

Während seines siebenjährigen Aufenthalts in Tibet wurde Harrers Selbstsucht radikal in Frage gestellt. Sein Kontakt zum Buddhismus, zum jungen Dalai Lama (der gerade fünfzehn Jahre alt war, als sie sich kennenlernten) und zu einer Kultur, die nicht vom Erfolg im westlichen Sinn besessen war, führte ihn zu ganz anderen Denk- und Verhaltensweisen. Diese Erfahrungen – und zweifellos auch Deutschlands Zerstörung während des Krieges – veränderten ihn grundlegend. Aufgrund dieser Erfahrungen wurde er, nachdem er unmittelbar nach der chinesischen Invasion im Jahre 1951 aus dem Land geflohen war, schließlich zum unermüdlichen Anwalt für die Befreiung Tibets, für Menschenrechte, Gewaltlosigkeit und Rassengleichheit.

»In Tibet wird der Tagesablauf des Volkes vom Glauben diktiert«, schrieb Harrer in seinen Memoiren *Sieben Jahre in Tibet* (1952), die seither weltweit in Millionenauflage verkauft wurden. »Sie haben unablässig Gebetsformeln auf den Lippen; unaufhörlich drehen sich die Gebetsmühlen; Regen, Wind und alle Naturphänomene zeugen von der Allgegenwart der Götter.«

»Gebetslämpchen brennen überall, in den Häusern der Adligen und den Zelten der Nomaden«, fährt er fort. »In Tibet hat das irdische Dasein keinen hohen Wert und der Tod hat keinen Schrecken.«

»Der gläubigen Inbrunst, die alle ausstrahlen, kann man sich kaum verschließen«, fügt er hinzu. »Schon nach kurzem Aufenthalt war es mir nicht mehr möglich, gedankenlos eine Fliege zu töten.«

Trotz ihrer dramatischen Qualitäten war es jahrzehntelang nicht gelungen, Harrers Geschichte in ein Drehbuch umzusetzen und auf die Leinwand zu bringen. Ein guter Teil der Schwierigkeiten rührte wohl einfach daher, daß es nicht nur eine, sondern viele Versionen von Harrers Geschichte gab. Offenbar schreckte die Aufgabe, eine Handlung zu entwickeln, die alle Grunddaten korrekt wiedergab, mehr als einen Drehbuchautor ab.

Vor seinem Haus in Lhasa, das er sich nach westlichem Muster bauen ließ, fotografierte Heinrich Harrer einige seiner tibetischen Freunde.

Leidenschaften

Für den 53jährigen Annaud war eine solche Herausforderung nichts Neues – schließlich war seine Karriere untrennbar mit derartigen Herausforderungen verbunden. Als einziger Sohn einer Sekretärin und eines Eisenbahnarbeiters wurde er in Draveil, einem Arbeitervorort von Paris, geboren und wuchs dort auf. Seine Liebe zum Film entstand beim sonntäglichen Kinobesuch.

Bereits mit sechs hatte Annaud seinen eigenen Fotoapparat – eine Brownie Kodak Box. Mit elf drehte er mit einer 8-mm-Kamera seinen ersten Dokumentarfilm: einen Kurzfilm über mittelalterliche Kirchen, die er mit seinen Eltern in den Sommerferien besuchte. Mit neunzehn machte er als Klassenbester seinen Abschluß an der Vaugirard-Schule in Paris, der besten französischen Schule für Filmtechnik. Zwei Jahre später legte er sein Abschlußexamen an der renommierten IDHEC (Institut des Hautes Etudes Cinématographiques) und gleichzeitig ein Examen an der Sorbonne ab, wo er Kunst und Geschichte des Mittelalters, Theaterwissenschaft und Griechisch im Hauptfach studiert hatte. Mit einundzwanzig drehte er Werbespots; mit siebenundzwanzig war er einer der führenden Werbefilmregisseure Europas und konnte bereits auf ein Œuvre von 500 Spots zurücksehen.

Seine Leidenschaft für exotische Schauplätze entdeckte er durch puren Zufall. Gerade hatte er mit einundzwanzig sein Filmexamen abgelegt und eine Menge Aufträge für Werbefilme in der Tasche, als er zur französischen Armee eingezogen und nach Kamerun geschickt wurde. Da er in Afrika nichts anderes sah als »eine Menge Schwarzer, die Tam-Tam schlagen«, fand er die Aussicht, zwei Jahre dort zu verbringen, eher abschreckend. Das änderte sich jedoch, als er aus dem Flugzeug stieg und ihm die tropische Hitze mit den Düften einer geheimnisvollen Kultur entgegenschlug.

»Als sich die Tür des Flugzeuges öffnete, war ich einfach hingerissen«, erinnert sich Annaud. »Ich war begeistert – der Geruch nach verwesendem Obst, die Feuchtigkeit, der Regenwald … Es war einfach unwiderstehlich! Sie sprachen eine andere Sprache, es war eine andere Kultur. Und nach zwei oder drei Tagen fühlte ich mich großartig. Ich wußte, daß ich zu den Menschen dort in Beziehung treten konnte, weil ich in Afrika Zugang zu meinen Gefühlen fand. Bis zu diesem Zeitpunkt war ich nämlich ziemlich kopflastig, und für mich zählte nur der Verstand. Alles, was aus dem Bauch kam, mochte ich nicht … Afrika lehrte mich eines Besseren.«

Annauds Erfahrungen auf dem schwarzen Kontinent waren nur ein Vorgeschmack, und bald wurden Reisen in ferne Länder und die Beschäftigung mit fremden Kulturen seine Passion. Daraus ergaben sich Themen, die er in seinen Filmen verarbeitete.

Sein erster Film *Sehnsucht nach Afrika* spielte in Westafrika und wurde 1977 mit dem Oscar für den besten ausländischen Film ausgezeichnet. Er erzählt die Geschichte eines jungen französischen Kolonialisten, der durch seine Erfahrung im Ersten Weltkrieg vollkommen verändert wird. *Am Anfang war das Feuer* dreht sich um einen prähistorischen Primitiven, der das Feuer entdeckt, als er mit einem weiterentwickelten Stamm in Kontakt kommt. *Der Name der Rose* handelt von einem jungen österreichischen Ordensbruder, der hinter den Mauern eines mittelalterlichen Klosters lebt und dort Leidenschaft, Liebe und Tod entdeckt, während *Der Liebhaber* in den zwanziger Jahren im französischen Indochina spielt und von einer jungen Französin erzählt, die in den Armen eines älteren Chinesen zur vollen Reife gelangt.

Auf dem Hintergrund dieser Filme hat auch *Sieben Jahre in Tibet* alle Zutaten eines richtigen »Annaud-Dramas«, und zwar im Überfluß. Mit Harrers Geschichte konnte sich Annaud, wie er selbst sagte, persönlich identifizieren.

Einen Wendepunkt in seinem Leben erreichte der Regisseur im Alter von neunundzwanzig. Inzwischen war er einer der bekanntesten Werbefilmer Europas, verdiente einen Haufen Geld, besaß eine ganze Wand voller Filmpreise, kaufte sich einen Landsitz an der Loire und war unglücklich. Er hatte zwar Erfolg, aber nur um den Preis der Selbstverleugnung. Denn in seinen Spots mußte er Produkte anpreisen, an die er nicht glaubte und die bisweilen direkt lebensgefährlich waren. Für einen Reifenhersteller hatte er nämlich eine Serie von preisgekrönten Werbefilmen gedreht, in denen gezeigt wurde, wie sicher bestimmte Regenreifen waren. Später stellte sich heraus, daß die Reifen einen Defekt hatten, Hunderte von Unfällen verursachten und schließlich verboten werden mußten.

Erfahrungen dieser Art führten schließlich dazu, daß Annaud einen Nervenzusammenbruch erlitt. Er gab das Werbegeschäft auf und suchte seine persönliche Rettung darin, daß er die Art Filme zu machen begann, die ihn schon als Kind ins Kino gelockt hatten. Immer geht es darin um innere Konflikte des Menschen. Durch seine Ausflüge in die Welt der Werbung hatte er sich eine Vorstellung von der dunklen Seite der menschlichen Natur und auch seiner eigenen Person gemacht. Er hatte erfahren, daß die unaufhaltsame Jagd nach Erfolg, Geld, Macht, Ruhm und materiellem Besitz – alles Dinge, die der westlichen Kultur lieb und teuer sind – auf direktem Wege in eine persönliche Hölle führen kann, aus der es kein Entkommen mehr gibt.

Für ihn bot die Geschichte des Heinrich Harrer eine einmalige Gelegenheit, diese dunkle Seite des Herzens zu erforschen. Dabei geht es um einen Mann, der für Ruhm und Karriere einen faustischen Pakt schließt und dann in Tibet landet, wo sein ganzer materieller Besitz – einschließlich seines Ruhmes – keine Rolle mehr spielt und er gezwungen ist, sich mit dem unbekannten Wesen seiner eigenen Person auseinanderzusetzen.

Diese Konfrontation war äußerst schmerzhaft. Nach seinen Erfahrungen in Tibet bezeichnete er seine antisemitische Einstellung der Vorkriegszeit als »die größte Schande meines Lebens«. Diese Schande – und die damit verbundenen Schuldgefühle – war zweifellos ein entscheidender Grund dafür, daß Harrer sich später so sehr für die Menschenrechte engagierte.

Überflüssig zu sagen, daß angesichts derart vielschichtiger moralischer Probleme die meisten Hollywood-Regisseure Reißaus nehmen – oder sich einen suchen, der die Geschichte auf Schwarz-Weiß-Charaktere zurechtstutzt und eine clevere Handlung mit Happy-End erfindet. Für Annaud hingegen bestand der Reiz gerade darin, Harrers Geschichte in ihrer Vielschichtigkeit auf die Leinwand zu bringen: je komplexer, desto besser. Seine Geschichte war vor allem auch deshalb so bemerkenswert, weil es ihm durch eine grundlegende Veränderung seiner Persönlichkeit gelingt, seine Überheblichkeit und seinen gewissenlosen Ehrgeiz zu überwinden.

»Die Geschichte ist eigentlich simpel«, sagt Annaud. »Als Harrer sein Land verläßt, ist er sehr berühmt und sehr unglücklich. Als er zurückkehrt, hat er keinerlei Besitz außer sich selbst – und schämt sich seiner Vergangenheit.«

»Das ist auch der Grund, warum Brad Pitt instinktiv diesen Film machen wollte, denn das Thema fasziniert ihn«, bemerkt Annaud. »Ich weiß, daß Brad keinen Wert darauf legt, zehn Häuser zu besitzen – er möchte bloß als Schauspieler anerkannt werden, auch wenn er selbst das nie so gesagt hat … Anstatt ein reicher Mann möchte er lieber ein guter Mensch sein.

Und wenn Sie mich fragen, warum ich diesen Film machen wollte, kann ich nur sagen, der Grund ist derselbe: das Thema. Die meisten Hollywood-Filme handeln von Geld – nicht bloß, weil die Produzenten hoffen, damit Geld zu verdienen, sondern weil die Filme das Geldmachen selbst zum Thema haben: Es geht darum, den Schatz zu finden, den Safe zu knacken oder den fetten Scheck zu ergattern. Die meisten Filme handeln von einem ›Typen‹, der in irgend etwas Meister werden will. Am Ende des Films hat er es geschafft und bekommt die Goldmedaille.«

»Wir fangen da an, wo die meisten Filme aufhören«, stellt Annaud fest. »Harrer ist bereits Meister. Reich, berühmt und unglücklich. Und wir stellen die Frage, warum das so ist.«

Von den Memoiren zum Drehbuch

Kaum hatte Annaud beschlossen, sich ernsthaft mit Harrers Geschichte zu befassen, da empfahl ihm Michael Besman, Chef von TriStar Pictures, sich an eine Drehbuchautorin namens Becky Johnston zu wenden, die sich sehr für den Buddhismus interessiere.

Johnston, die in Michigan geboren und aufgewachsen ist, hatte zunächst an der Rhode Island School of Design und der Brown University eine Ausbildung als Kunstmalerin absolviert, bevor sie zu Beginn der achtziger Jahre einen Abstecher in die Kunstszene von Lower Manhattan machte. Danach ging sie an die Westküste und wollte Drehbücher schreiben. Sie zog nach Los Angeles, schlug sich mit vielen verschiedenen Teilzeitjobs durch und verbrachte soviel Zeit wie nur möglich in der Bibliothek des American Film Instituts, um sich selbst das Schreiben von Drehbüchern beizubringen. Den Durchbruch erzielte sie schließlich mit einem Drehbuch für Prince mit dem Titel *Under the Cherry Moon* und hatte auch mit dem Drehbuch für *Herr der Gezeiten*, das sie gemeinsam mit Pat Conroy verfaßte, großen Erfolg. Es wurde 1991 für den Oscar nominiert.

Johnston und Annaud verstanden sich auf Anhieb und waren sich in einem zentralen Punkt einig.

»Schon bei unserem ersten Treffen«, erzählt Johnston, »stellten Jean-Jacques und ich fest, daß es in der Geschichte im Grunde um zwei einsame Menschen geht [Harrer und der junge Dalai Lama], die sich zufällig trafen und zueinander fanden.«

Bevor sie mit dem Drehbuch anfing, beschäftigte sich Johnston intensiv mit dem Buddhismus, studierte monatelang bei einem tibetischen Lama in Los Angeles und reiste mit einer kleinen Gruppe unter der Leitung des bekannten Buddhismus-Experten Stephen Batchelor nach Tibet. Schließlich landete sie in Dharamsala in Indien, wo sie sich einen Monat lang aufhielt und jeden aufspürte, der mit dem Dalai Lama zu tun hatte; mit all diesen Leuten machte sie ausführliche Interviews – einschließlich Seiner Heiligkeit selbst. Diese Reisen führten nicht bloß dazu, daß sich ihr Verständnis für Tibet und den Buddhismus vertiefte, sondern gaben auch den entscheidenden Hinweis darauf, was in Harrers Buch fehlte.

»Eine der wichtigsten Erfahrungen einer Reise nach Tibet, die Harrer in seinem Buch aber niemals erwähnt, ist die Veränderung, die dieses unglaubliche Land in einem selbst auslöst«, sagt Johnston. »Wenn man dort hinkommt, denkt man: ›Mein Gott, wenn dieses Land nicht deine Seele und alles in dir verändert, dann mußt du ein lebender Toter sein.‹«

Im Laufe ihrer Recherchen fand Johnston eine weitere entscheidende Tatsache

Heinrich Harrer, mit dem Rücken zur Kamera, bei einem Besuch im Kloster Gyantse, das einst zu den größten Ordenszentren gehörte. Zusammen mit dem Bürgermeister sitzt er auf einer Befestigungsmauer, die das Kloster umgibt.

über Harrer heraus. Als er zur Besteigung des Nanga Parbat aufbrach, ließ er seine schwangere Frau zurück, eine Tatsache, die in seinem Buch an keiner Stelle erwähnt wird. Als Johnston sich dann hinsetzte, um das Drehbuch zu schreiben, schloß sich der Kreis: Ein ehrgeiziger Mann verläßt Frau und Kind, um einen Berg zu besteigen. Das Vorhaben mißlingt, und er landet in Tibet, wo er eine geistige Verwandlung durchmacht, zu sich selbst findet und von wo er als veränderter Mensch nach Hause kommt.

Durch diese Art der Darstellung wurde es möglich, weitere Aspekte von Harrers Geschichte einzubauen: seine Bergsteigerei, seine Freundschaft mit dem Dalai Lama und seine Begegnung mit dem Buddhismus. Als diese Ebenen langsam miteinander zu verschmelzen begannen, entdeckte Johnston, daß man die ganze Geschichte auch als die Fabel vom erfolgsbesessenen Europäer lesen kann, der durch seine Begegnung mit östlicher Spiritualität grundlegend verändert wird.

»Für mich geht es bei der ganzen Sache um einen Mann, der eine Reihe von Erniedrigungen erfährt«, sagt Johnston, »und schließlich lernt, daß ein erfülltes Leben nicht darin besteht, sein Ego durchzusetzen.«

Das Karma der Besetzung

Wie die meisten erfahrenen Regisseure hat Annaud eine ganz spezielle Art des Filmemachens. Für ihn ist das Drehbuch der Schlüssel. Sobald er ein Drehbuch gelesen und es bei ihm gefühlsmäßig geklickt hat, kann er den gesamten Film, Szene für Szene, im Kopf abspulen. Danach besteht die Herausforderung vor allem darin, die Bilder aus seinem Kopf auf die Leinwand zu bringen und die bei der Lektüre durchlebten Gefühle wieder aufleben zu lassen. Auf dieses Ziel wird alles ausgerichtet – von der Wahl der Hauptdarsteller bis zur Farbe der kleinsten Requisite. »Bevor ich einen Film drehe«, sagt Annaud, »spielt er sich bereits in meinem Kopf ab.«

Kaum hatte Annaud Johnstons Drehbuch gelesen, da klickte es, und er räumte alle Hindernisse aus dem Weg, um den Film, der bereits in seinem Kopf ablief, auf die Leinwand zu bringen. Seine Begeisterung wirkte ansteckend. Von seinem Büro in Los Angeles aus schickte er an einem Freitag einige Kopien des Drehbuches an die Geschäftsführer von Tri-Star. Bereits am Montag danach hatte er zahlreiche Anfragen auf seinem Anrufbeantworter. Die Agenten der größten Schauspieler des Landes rissen sich förmlich darum, Informationen über die Rolle des Harrer zu bekommen.

»Es war wirklich unglaublich«, erinnert sich Annaud. »Fast alle großen Stars hatten es irgendwie geschafft, sich eine Kopie des Drehbuchs zu beschaffen, es zu lesen und bei mir anzurufen – alles an einem Wochenende! Ich hab' keine Ahnung, wie sie das gemacht haben … So jedenfalls sind wir auf Brad gekommen.«

Der 33jährige Brad hatte bereits eine Reihe von Rollen gespielt – *Thelma und Louise, Aus der Mitte entspringt ein Fluß, Legenden der Leidenschaft, Interview mit einem Vampir* –, die ihn zu einem der größten Kassenschlager gemacht hatten.

Pitt wurde in Shawnee, Oklahoma, geboren. Sein Vater hatte früher als Manager in einer Spedition gearbeitet, und seine Mutter war Studienberaterin in einer High School. Er wuchs in Springfield, Missouri, auf, studierte an der University of Missouri Journalismus, arbeitete dann zunächst in der Werbung, verließ das College und ging schließlich nach Hollywood.

Der große Durchbruch kam mit *Thelma und Louise*. Er spielte einen energiegeladenen jungen Cowboy mit gewinnendem Lächeln und strahlendblauen Augen. Sein Auftritt dauerte zwar nur fünfzehn Minuten, doch das reichte! Von da an spielte sich Pitt in die Köpfe und die Herzen, viele junge Mädchen tapezierten die Wände mit seinen Postern, er kam auf die Titelseite von *Vanity Fair*, seine Gage explodierte, und plötzlich verdiente er mehrere Millionen pro Film. Angesichts dieses Erfolges hätte er jedoch leicht wie jeder x-beliebige Hollywoodstar enden können.

Doch Pitt hatte andere Vorstellungen. Trotz des Medienrummels vertiefte er sich in seine Arbeit und suchte ganz bewußt nach anspruchsvolleren Rollen, um seine schauspielerischen Fähigkeiten weiter auszubauen. Dazu gehörten die Rolle des Polizeidetektivs in einem Thriller mit dem Titel *Seven* und der verschrobene Umweltschützer und Terrorist in Terry Gilliams merkwürdigem Science-fiction-Film *12 Monkeys*. Beide Filme wurden von der Kritik einhellig gelobt, und seine Rolle in *12 Monkeys* brachte ihm sogar eine Oscar-Nominierung ein.

Sieben Jahre in Tibet paßte ausgezeichnet in Pitts Pläne. Für einen traditionellen Hollywoodstar wäre die Rolle des Heinrich Harrer ziemlich unpassend gewesen, denn beinahe die Hälfte des Films schildert ihn als selbstsüchtiges, arrogantes, erfolgsbesessenes Individuum, das vor nichts zurückschreckt, um den »Gipfel« zu erreichen. Doch durch Annaud wurde der Handel für Pitt perfekt. Eines Tages trafen sie sich zum Mittagessen in Los Angeles, verbrachten den ganzen Tag mit Gesprächen und entdeckten schnell, daß sie eine gemeinsame Leidenschaft hatten: das Fotografieren.

»Als ich ihn zum ersten Mal traf, hatte er gerade die Fotos bekommen, die er in Tibet und Nordindien gemacht hatte, und konnte es gar nicht abwarten, sie mir zu zeigen!« erinnert sich Pitt. »Ich konnte es einfach nicht glauben. Da ist also ein Mann, der alles hat, Geld, ein schönes Heim, eine Familie, einfach alles. Er kann tun und lassen, was er will, könnte einfach in Paris sitzen und den ganzen Tag Cappuccino trinken. Statt dessen fährt er ins tiefste Vietnam oder zum Trekking nach Madagaskar und kämpft mit den Insekten, nur um das Land zu sehen! Und da saß er nun, erzählte mir von seinen Reisen durch den Himalaja und war restlos Feuer und Flamme. Wie hätte man da widerstehen sollen?«

Die gleiche Einstellung hatte auch der englische Schauspieler David Thewlis, der die wichtigste Nebenrolle, den Weltklassebergsteiger Peter Aufschnaiter spielte, der mit Harrer nach Tibet reiste.

Im Alter von dreißig Jahren hatte Thewlis sich als einer der besten englischen Jungschauspieler etabliert. Er wurde in Blackpool, einem Touristenort in Nordengland, geboren, wuchs dort auf und studierte an der Guild Hall School für Musik und Theather in London. In den achtziger Jahren trat er in England in verschiedenen Film- und Fernsehproduktionen auf und spielte unter anderem in Dennis Potters legendärem Film *The Singing Detective*.

International bekannt wurde Thewlis jedoch erst durch seine Arbeit mit dem renommierten Regisseur Mike Leigh. In *Life Is Sweet* spielte er eine kleine Rolle und kam dann ganz groß raus, als er in *Naked* die Rolle des selbstzerstörerischen Johnny übernahm, wofür er 1993 in Cannes mit dem Preis für den besten Darsteller ausgezeichnet wurde.

Auch er verstand sich mit Annaud auf Anhieb. »Als ich ihn kennenlernte, war ich, ehrlich gesagt, ein wenig besorgt, weil er fast zu nett war – bei unseren Treffen war er derart freundlich, großzügig, engagiert und sympathisch, daß ich sofort dachte: Na ja, aber ich wette, bei den Dreharbeiten ist er garantiert unausstehlich. So nett kann er einfach nicht sein«, sagt Thewlis. »Aber er ist wirklich so ... deshalb bin ich ja so begeistert von ihm ... Er ist einer der besten Regisseure, mit denen ich jemals gearbeitet habe, und einer der nettesten Menschen, mit denen ich jemals zu tun hatte.«

Nachdem die Hauptrollen vergeben waren, besetzte Annaud die restlichen Rollen vornehmlich mit asiatischen Schauspielern, da über die Hälfte des Films in Tibet und unter Tibetern spielt. Die Schauspieler für Sprechrollen wurden auf der ganzen Welt zusammengesucht. Den windigen Minister Ngawang Jigme übernahm der in Amerika geborene Chinese B. D. Wong, der für seine Rolle in *Madame Butterfly* am Broadway mit einem Tony ausgezeichnet wurde. Für die Rolle des Ministers Kungo Tsarong, der mit Harrer und Aufschnaiter Freundschaft schloß, kurz nachdem sie in Lhasa ankamen, wurde der bekannte japanische Schauspieler Mako ausgewählt, der für seine Rolle in *The Sand Pebbles* mit Steve McQueen eine Oscar-Nominierung erhalten hatte. Und Danny Denzongpa, einer der größten Stars des indischen Kinos, erhielt die Rolle des Regenten, der wichtigsten Figur im tibetischen Kabinett.

Um den Rest der Besetzung kümmerte sich Annauds Besetzungsdirektorin Priscilla John, die zu diesem Zweck tibetisch-buddhistische Gemeinden auf der ganzen Welt nach möglichen Mitspielern durchforstete.

Sie besuchte tibetische Schulen, abgelegene indische Dörfer und buchstäblich alle Orte, an denen Tibeter leben. Während Priscilla John sich auf Asien und Europa konzentrierte, übernahm die Besetzungsdirektorin Francine Maisler in Los Angeles die Vereinigten Staaten und Kanada und suchte dort nach Schauspielern aus Tibet oder Asien.

Der englische Schauspieler David Thewlis übernahm die Rolle des Peter Aufschnaiter, Harrers Bergkamerad und Freund.

Jamyang Wangchuk spielt den Dalai Lama im Alter von vierzehn, hier zusammen mit dem Regenten, der von Danny Denzongpa gespielt wird, auf dem Dach des Potala.

In manchen Fällen war die Suche relativ unkompliziert. In einem halben Dutzend tibetisch-buddhistischer Klöster in Indien zum Beispiel fand man allein 75 Mönche, denen der Dalai Lama persönlich die Erlaubnis erteilte, bei dem Film mitzumachen. In anderen Fällen, wie beispielsweise bei der jungen Lhakpa Tsamchoe, die die Schneiderin und Aufschnaiters zukünftige Ehefrau Pema Dorjee spielt, führten nur harte Arbeit und Ausdauer zum Erfolg. Lhaka hat ein Diplom in Chemie, Biologie und Zoologie und arbeitet für den Tibetischen Jugendkongreß. Eines Abends ging sie zum Tanzen in eine Disco im indischen Bangalore und wurde dort von Priscilla John entdeckt.

Manche Entdeckungen waren purer Zufall, wie er eigentlich nur beim Film vorkommt. So hatte Patricia Pao, Annauds Besetzungsdirektorin in Hongkong, lange kein Glück bei der Suche nach den Jungen, die den Dalai Lama in verschiedenen Altersstufen spielen sollten. Da klingelte es eines Abends in ihrer Wohnung in Hongkong, sie öffnete die Tür, und vor ihr stand ein kleiner, hübscher 14jähriger, der fragte, ob er sich ein Video ausleihen könne.

Der Junge, Jamyang Wangchuk, Sohn eines Diplomaten aus dem Königreich Bhutan, war gerade bei Paos Nachbarn zu Besuch. Und das schönste: Jamyang hatte einen acht Jahre älteren Bruder, Sonam. Diese beiden spielten schließlich den jungen Dalai Lama.

Doch egal, wo und wie man die »Tibeter« entdeckt hatte, für alle war eins ganz klar: *Sieben Jahre in Tibet* war für sie weit mehr als nur ein Film. Das beste Beispiel dafür ist vielleicht die Schwester Seiner Heiligkeit, Jetsun Pema, die im Film die Rolle ihrer Mutter spielt. Seit den sechziger Jahren hat Pema die Aufsicht über die

Jetsum Pema, Schwester des Dalai Lama, in der Rolle der Heiligen Mutter

Erziehung tibetischer Kinder im Exil. Sie arbeitet in Dharamsala und hatte es bisher mit ungefähr 10 000 Schülern zu tun.

Da sie über keinerlei Erfahrung als Schauspielerin verfügte, sträubte sich Pema zunächst sehr. Erst als auch ihr Bruder sie ermunterte, es doch zu versuchen, rang sie sich schließlich dazu durch. »Sie müssen nämlich wissen, daß wir Tibeter bei allem, was wir tun, nur ein Ziel vor Augen haben«, erklärt Pema. »Jeder von uns hofft, daß er eines Tages in seine Heimat zurückkehren kann. Wir alle sind optimistisch, daß wir eines Tages zurückkehren können, um Tibet zu befreien. Für jeden Tibeter ist das die klarste Sache der Welt. Ob man sich nun um tibetische Kinder kümmert oder in einem Film mitwirkt, der die Öffentlichkeit über Tibet aufklärt, spielt im Grunde keine Rolle.«

Dorjee Tsering als ganz junger Dalai Lama auf seinem Thron aus Kissen (oben), Jamyang in derselben Rolle, jedoch später (linke Seite).

41

Das Göttliche steckt im Detail

Annaud ist nicht zuletzt aufgrund seiner Liebe zum Detail berühmt geworden. In *Am Anfang war das Feuer* zum Beispiel schuf er zusammen mit seinem Drehbuchautor Gérard Brach vier prähistorische Stämme, die alle, von der Körpersprache bis zum Werkzeug, ihre eigene Kultur hatten. Um die einzelnen Stämme noch weiter zu differenzieren, engagierte Annaud den angesehenen Linguisten und Romancier Anthony Burgess sowie den bekannten Anthropologen Desmond Morris.

»Ich will nicht, daß meine Filme einfach nur Filme sind«, betont Annaud. »Schließlich wird unser Medium bald das wichtigste Instrument zur Vermittlung von Kultur und Wissen sein.«

Um die angestrebte Authentizität zu erreichen, legt Annaud Wert darauf, sein jeweiliges Thema vollkommen zu durchdringen. Allerdings haftet seiner Art, sich sachkundig zu machen, nichts Amateurhaftes an. Schließlich wurde er an der Sorbonne ausgebildet und geht auch beim Film nach wissenschaftlichen Methoden vor. Deshalb macht es ihm gar nichts aus, wenn er drei bis fünf Jahre für einen Film braucht, Hauptsache, der Film ist gut gemacht.

Darüber hinaus hat Annaud einen ausgeprägten Sinn für das, was die Franzosen *exigence* nennen, das heißt, eine Aufgabe gewissenhaft und vollkommen zu erfüllen, mit einer Hingabe, die durchaus an Besessenheit grenzt. Bevor *Der Name der Rose* gedreht wurde, suchte Annaud monatelang in ganz Europa nach dem passenden Kloster für seinen Mittelalterkrimi. Als er nicht fündig wurde, errichtete er vor den Toren Roms sein eigenes Kloster; seit der Verfilmung von *Kleopatra* war das der größte Filmset, der in Europa je gebaut wurde.

Mit der gleichen Intensität arbeitete Annaud an den Recherchen für *Sieben Jahre in Tibet*. Die Jahre 1994 und 1995 verbrachte er mit Reisen nach Tibet und zu tibetischen Siedlungen in Bhutan, Nepal und Indien. Begleitet wurde er dabei von Mitgliedern seines Produktionsstabes und seiner Frau Laurence, seiner ständigen Begleiterin und Allround-Muse.

Annaud ist auch ein ernsthafter Fotograf. Er arbeitet mit einer M-6 Leika, benutzt am liebsten ein 21-mm-Weitwinkel-Objektiv und hat keine Angst, den Auslöser zu betätigen. So machte er 17 000 Aufnahmen und fotografierte dabei so gut wie alles – vom Potala, dem alten Palast in Lhasa, bis zu Nomaden in den abgelegensten Ebenen Tibets. Aber auch das sind keine Touristenfotos, denn wie ein professioneller Anthropologe versucht Annaud, in seinen Fotos die tibetische Kultur festzuhalten, wie sie aussieht, wie sie sich anfühlt und wie sie riecht. Die Aufnahmen waren zugleich Vorstudien für den Film.

Sie wurden entwickelt, von Laurence sortiert und zu dicken Bänden zusammengestellt. Diese Fotoalben wurden der Produktions- und Kostümabteilung ausgehändigt und sollten als eine Art visuelle Bibel und emotionale Grammatik dienen. (Eine kleine Auswahl davon ist in diesem Buch abgebildet. Ab S. 63)

»Wissen Sie, wenn man in einem solchen Land herumforscht, dann geht es nicht in erster Linie um Landschaft und Architektur«, sagt Annaud. »Es geht vielmehr um die Menschen. Ich schaue auf ihre Kleider, ich schaue auf ihre Schuhe, ich schaue darauf, wie sie gekämmt sind. Man muß nicht nur ihre Bräuche verstehen, sondern auch ihr Bewußtsein, ihre Seele.«

»Für mich war das wichtigste, das Land zu sehen und selbst den Geist zu spüren – gemeinsam mit den Lamas und Mönchen diese einzigartige Geruchserfahrung zu machen, dieses Gemisch aus ranziger Butter, rußenden Butterlampen und Weihrauch wahrzunehmen«, sagte Annaud. »Es war eine sehr eigenwillige, wundervolle Erfahrung für meine Nase!«

***

Während Annaud damit beschäftigt war, visuelle Eindrücke und Gerüche zu sammeln, stellte seine Coproduzentin Alisa Tager eine kleine Bibliothek über das Land, die Menschen und ihre Kultur zusammen. Das Ergebnis von Tagers Nachforschungen waren eine umfangreiche Fotosammlung, die in einem zehn Zentimeter dicken Handbuch zusammengefaßt wurde, und zahlreiche Videos über Tibet.

»Bei der Zusammenstellung der Bänder«, sagt Tager, »kam eine kleine Videothek mit ungefähr 25 Kassetten zusammen, die man auf einem Watchman betrachten konnte. Die jeweiligen Spezialthemen wie ›Yakherden‹, ›Prozessionen in Sänften‹ oder ›Potala-Zeremonien‹ wurden mit einem Drehbuchindex versehen und computerisiert.

43

Von den Schauplätzen bis zu den gezeigten religiösen Ritualen wurde alles so authentisch wie möglich nachempfunden.

Dann erstellten wir eine Liste der Szenen, und für jede Szene gab es bestimmte Bänder, die als visueller Bezugspunkt dienen konnten. Bevor er die Szene beim Schlittschuhlaufen drehte, konnte Jean-Jacques also im Videoführer nachsehen, die Szenenummer checken und feststellen, daß die Bänder 5, 12 und 20 vielleicht verwendbar waren. Diese Bänder enthielten nämlich auch Aufnahmen von Wanderungen in den fünfziger Jahren. Bevor er die Szene einrichtete, konnte er dann diese Bänder konsultieren.«

Wenn Tager, die ein Berkley-Diplom in Geschichte und einen Yale-Magister in International Studies hat, in ihrer »Bibliothek« keine Auskunft fand, konnte sie sich an Tenzin Tethong wenden, den Annaud als Berater für alle Tibet betreffenden Fragen engagiert hatte. Von ihm bekam sie dann per Fax die gewünschten Informationen aus erster Hand. Tethong war in Lhasa geboren und aufgewachsen, hatte fünfzehn Jahre als Mönch im Kloster gelebt und war schließlich – vor seiner Übersiedlung in die Vereinigten Staaten – eine Zeitlang Premierminister der ersten Exilregierung.

Tauchte eine Frage auf, und zwar irgendeine beliebige Frage, so war es ziemlich wahrscheinlich, daß die Antwort in dem gesammelten Material zu finden war. Welche Form hatten die Drachen in Lhasa? (Rechteckig.) Welchen Grünton hatten die Uniformen der chinesischen Invasionsarmee? (Olive/Khaki.) Wurde der Vater Seiner Heiligkeit auf traditionelle Weise bestattet, das heißt, brachte man die Leiche in die Berge, wo Raubvögel das Skelett sauberpickten, oder wurde er verbrannt? (Er wurde verbrannt.)

Annaud brauchte diese Informationen, damit er die emotionale Stimmung auf der Leinwand richtig wiedergeben konnte. Je mehr er über eine bestimmte Kultur weiß, desto besser ist er auf den Film vorbereitet. Bezüglich der Filminhalte kennt er sich deshalb schon am ersten Tag der Dreharbeiten bestens aus.

In der Kombination mit seinem enormen technischen Können ruft dieses Wissen bei jedem, der mit ihm zu tun hat, allergrößten Respekt hervor. Mit einem Blick erkennt er, wenn die Decke eines tibetischen Hauses zu hoch ist, wenn bei einem Mönchsgewand der Rotton nicht stimmt oder das Filmmaterial nicht lichtempfindlich genug war, um bestimmte Einzelheiten im Schatten aufzunehmen.

»Es hat schon seinen Grund, warum dieser Mann mehrere Jahre braucht, bevor er einen neuen Film macht – für ihn ist es eine Erfahrung«, sagt Pitt. Alle seine Filme haben Jahre gedauert, Jahre, bis das Drehbuch stimmte, Jahre für die Besetzung, Jahre für das Design! Fragen Sie ihn nach *Der Bär*, und er wird Ihnen erzählen, daß er Felder malen ließ, damit sie richtig aussahen! … Er ist wirklich unglaublich, und deshalb habe ich großen Respekt vor ihm.«

»Über seinen Blick brauchen wir gar nicht erst zu sprechen«, fährt Pitt fort. »Wenn er sagt, daß irgend etwas nicht stimmt, dann wird niemand das in Frage stellen … Der Mann *weiß* es einfach.«

45

Von der Kunst, Licht einzufangen und Seelen einzukleiden

Während Annauds Recherchen weitergingen, war der Kameramann Robert Fraisse in Tibet mit seiner eigenen Mission beschäftigt. Er versuchte, das Licht einzufangen.

»Jean-Jacques meinte, ich sollte selbst nach Tibet fahren und mir das Licht dort angucken«, erinnert sich Fraisse. »Er meinte, ich müsse unbedingt den Potala und die ganzen Tempel besuchen, damit ich einen Eindruck davon bekäme, wie das Licht ist, wenn es durch diese merkwürdig schmalen, bis zum Boden reichenden Fenster ins Innere fällt; und auch das Licht der vielen Butterlampen müsse ich gesehen haben.«

Für Fraisse ist Annauds Art, Filme zu machen, nicht neu, denn schon bei *Der Liebhaber* (der ihm eine Oscar-Nominierung einbrachte) und bei *Wings of Courage* stand er hinter der Kamera. Er sah sich Hunderte von Fotos an, die Annaud in Tibet gemacht hatte. Dann reiste er fünf Tage durchs Land, besuchte in Begleitung eines einzigen Führers Lhasa, Shigatse und Gyantse und kam voller visueller Eindrücke zurück. Solche Kontraste zwischen Licht und Schatten wie in Tibet hatte er in seiner mehr als dreißigjährigen Tätigkeit als Kameramann noch nie gesehen. Genauso eindrucksvoll fand er den Kontrast zwischen blendendem Licht draußen und dem rauchgeschwängerten Inneren der Tempel. Selbst der Himmel war von einem ungewöhnlichen Blau.

Für Fraisse war die Reise von großem Nutzen, und er machte sich daran, die tibetischen Lichtverhältnisse am Drehort in Argentinien zu reproduzieren.

»Als ich in Argentinien mit dem Drehen begann, stellte ich fest, daß das Licht dem in Tibet sehr ähnlich war«, erzählt Fraisse. »Auch die Landschaft ist ähnlich. Wenn man also das, was man in Tibet gesehen hat, originalgetreu nachbaut, 75 echte Mönche aus Dharamsala und 75 andere Tibeter aus der ganzen Welt in authentische Kostüme steckt, dann kommt alles zusammen. Obwohl man in Argentinien ist, nimmt man faktisch die tibetische Perspektive ein. Deshalb ist das, was herauskommt, wirklich Tibet.«

Auch der italienische Kostümbildner Enrico Sabbatini hatte es mit einer Aufgabe zu tun, die einer Bergexpedition an Komplexität nicht nachstand. Um sämtliche Mitwirkende, vom jungen Dalai Lama in der Krönungsszene bis zum letzten Yakhirten in der abgelegenen Provinz Changtang, auszustatten, brauchte man

Tausende von Kostümen, die den tibetischen Originalen in allen Einzelheiten entsprechen mußten.

Zu diesem Zweck richtete Sabbatini eine richtiggehende Schneiderei ein und engagierte jeweils einen Chefschneider für Männer und Frauen, fünf Hilfsschneider aus Italien und fünfzehn aus Argentinien, einen Färber und vier oder fünf Leute, deren einzige Aufgabe darin bestand, den Stoffen einen alttibetischen Touch zu geben. Obwohl die ganze Mannschaft schließlich auf vierzig Leute anwuchs, hatten alle reichlich zu tun, um die erforderlichen 3000 Kostüme herzustellen. Schon allein der Verbrauch an Seide war erstaunlich hoch, denn pro Mitspieler wurden 24 Meter verarbeitet.

Nicht weniger verblüffend war die Vielfalt der tibetischen Kleidungsstücke. Allein die Hüte mögen ausreichen, um einen Eindruck zu vermitteln. Ein Kabinettsminister zum Beispiel trug bei offiziellen Zermenonien eine Brokatmütze mit

Heinrich Harrers Aufnahme einer Gruppe von Kampas. Sie gehören zu den besten Kämpfern Tibets und übernahmen während der Flucht des Dalai Lama freiwillig die Nachhut. Hier tragen sie Hüte aus Fuchsfell und halten zweiforkige Stecken, die als Stütze für die Gewehre dienen.

Quaste, die sogenannte Changa, in seinem Büro eine runde Pelzmütze, die Pensha, und bei informellen Gelegenheiten eine einfache Wollmütze. Die ungemein komplizierte Kleiderordnung machte die Sache nicht leichter. Diener und Begleiter von Adligen zum Beispiel trugen einen breitkrempigen Hut mit roten Quasten, den sogenannten *sog-sha*. Einen ähnlichen Hut trugen die Kabinettsminister, allerdings war der dann anstatt mit Quasten mit Pelz besetzt.

Natürlich ging es bei den Kostümen nicht um feine Stoffe oder elegantes Design, wie Sabbatini betonte, als schließlich alles fertig war. Seine Arbeit bestand darin, historisch korrekte Kostüme herzustellen, die darüber hinaus möglichst den Gefühlszustand eines bestimmten Charakters widerspiegeln sollten. Harrer zum Beispiel trägt, als er nach seinem abenteuerlichen Fußmarsch in Tibet ankommt, abgerissene europäische Kleidung, Symbol seiner emotionalen Verfassung. Am Ende seines Aufenthaltes hat er ein Gewand nach tibetischer Art an: eine einfache braune Kutte, die seine geistige Annäherung an die buddhistische Sichtweise symbolisiert.

»Ein Kostümbildner zieht keinen Körper an, sondern einen Charakter, eine Daseinsweise, eine Mentalität«, erklärt Sabbatini. »Das bedeutet eine Menge psychologische Arbeit … Wir kleiden das Innere eines Charakters ein, nicht das Äußere. Das unterscheidet uns von Modeschöpfern, denn in der Mode werden Körper angezogen, in der Kostümbildnerei dagegen Seelen.«

Schauspieler werden zu Athleten

Auch die Schauspieler bekamen Hausaufgaben. Pitt und Thewlis mußten Schlittschuhlaufen und Bergsteigen lernen. Das war nicht so einfach, wie es sich vielleicht anhört. Aufgrund seiner Popularität als Superstar war es für Pitt zum Beispiel ganz unmöglich, einfach auf irgendeine Eisbahn zu gehen, Schlittschuhe anzuziehen und ein paar Schritte zu versuchen. So nahmen er und Thewlis ihre ersten Unterrichtsstunden um Mitternacht auf einer eigens dafür gemieteten Schlittschuhbahn in der Nähe von Los Angeles.

Was das Bergsteigen angeht, so war die Angelegenheit noch etwas heikler, denn auch das mußte heimlich geschehen. Allein die Vorstellung, daß ein 10-Millionen-Dollar-Star Felsen rauf- und runterklettern sollte, war Studiobossen und Versicherungen ein Graus – in diesem Fall allerdings auch für Brads Mutter. (Mrs. Pitt wurde erst informiert, als alles vorbei war, sagt ihr Sohn.) Deshalb schickte man Pitt und Thewlis zum Bergsteigen nach Europa, unter dem wachsamen Auge von Coproduzentin Tager und der beiden erfahrenen österreichischen Bergsteiger Tom Raudaschl und Wolfgang Tonninger. (Beide spielten auch im Film kleinere Rollen.)

Die Gruppe verbrachte zwei Wochen mit Bergsteigen, zunächst in den österreichischen Alpen und dann in den italienischen Dolomiten. Und das war kein Spaziergang: Pitt und Thewlis übten Manöver in Schnee und Eis, Klettern am Berg und sogar einen Gletscheraufstieg. Auch mit der Mentalität der Bergsteiger machten sie sich vertraut, denn sie übernachteten im Zelt und verpflegten sich aus dem Rucksack.

Für Thewlis, der mit seinen schlaksigen 1,95 m in diesem Sommer ein rigoroses Training absolvieren mußte, um 10 kg zuzulegen, brachte diese unschätzbare Erfahrung tiefe Einsichten in seine Rolle. »Abgesehen davon, daß wir tatsächlich klettern lernten, war das Ganze sehr, sehr nützlich«, bemerkt Thewlis. »Unsere Lehrer waren österreichische Bergsteiger, und das war großartig, denn schließlich sollten wir im Film auch österreichische Bergsteiger spielen, und allein durch die Tatsache, daß wir zwei Wochen dort waren, hatten wir Gelegenheit, Kultur, Verhalten und Persönlichkeit der Österreicher zu studieren.«

Ein Sturm braut sich zusammen

Im September 1996 kamen Schauspieler und Crew aus der ganzen Welt in Argentinien zusammen. Sie landeten zunächst in Buenos Aires, flogen weitere zwei Stunden bis nach Mendoza, wo sich die Produktion befand, und fuhren dann mit Autos, Bussen und Lastwagen noch einmal anderthalb Stunden nach Uspallata im Herzen der Anden, wo die ersten Szenen gedreht werden sollten.

Mehrere hundert Schauspieler und Kostüme für sieben oder acht Wochen mußten transportiert und untergebracht werden. Das gleiche galt für die Leute von der Produktion und die gesamte Ausrüstung vom Hammer bis zur Kamera. (Allein der Bautrupp bestand aus 525 Personen!) Dann noch die Leute vom Catering, die alle Anwesenden dreimal täglich mit Essen und Trinken versorgten und auch an die Vormittags- und Nachmittagspause denken mußten. Da kann es nicht überraschen, daß 241 Lastwagen, Busse, Transporter und Autos benötigt wurden, um das alles zu transportieren.

In kürzester Zeit wurde das kleine Bergstädtchen, das eigentlich nur aus ein paar Häusern an einer Straßenkreuzung bestand, von dieser Flut aus Männern, Frauen, Maschinen, Kostümen und Kulissen förmlich überschwemmt. Schnell waren alle verfügbaren Hotels belegt, und man wich auf einen nahegelegenen Stützpunkt der argentinischen Armee aus, wo die buddhistischen Mönche in Kasernen untergebracht wurden.

Heinrich Harrers Aufnahme vom Eislaufen, das von Harrer eingeführt wurde und das die Tibeter als »Laufen auf Messern« bezeichneten. Zu der Gruppe auf dem Kyichu in Lhasa gehört auch Lobsang Samten, der Bruder des Dalai Lama, in der Mitte.

Richtig aufregend wurde es aber erst Mitte September, als Pitt und Thewlis in Buenos Aires landeten und sofort – sie hatten die Rollbahn noch nicht verlassen – von einer Horde junger Mädchen und Paparazzi verfolgt wurden. Die »Bradomanie«, wie eine Lokalzeitung es nannte, war ausgebrochen und ebbte während der gesamten Drehzeit in Argentinien nicht ab.

Die übertriebene Begeisterung der Fans nahm solche Formen an, daß Pitt praktisch zum Gefangenen wurde. Während der Dreharbeiten war er in seinem Trailer

Regisseur Annaud und Kameramann Martin Kenzie richten am Drehort in den argentinischen Anden die Einstellung für eine Kamerafahrt ein.

eingesperrt, sonst in einem Haus außerhalb von Mendoza, das von hohen Mauern umgeben war. Zwei hünenhafte Leibwächter fuhren ihn in einem Auto mit Allradantrieb und getönten Scheiben überall hin und wichen ihm nicht von der Seite, es sei denn vor der Kamera.

»Es war sehr interessant mitzuerleben, wie Brads Leben hier aussah«, sagt David Thewlis. »Er konnte nicht ausgehen. Nicht einmal sein Haus konnte er verlassen! Ich konnte in Mendoza in eine Bar gehen, dort rumhängen, ein Bier trinken, tun, was immer ich wollte. Wenn er das gemacht hätte, hätte es einen Volksaufstand gegeben.« Aber, wie Thewlis hinzufügt, »er reagierte großartig – und behielt einen kühlen Kopf. Seine Art, damit umzugehen, war eine völlige Konzentration auf seine Arbeit.«

Der Sturm bricht los

Offiziell begannen die Dreharbeiten am 30. September 1996, und zwar unter höchst ungewöhnlichen Bedingungen. Alle Schauspieler und die gesamte Crew versammelten sich mitten auf dem weitläufigen Set, wo man das alte Lhasa nachgebaut hatte, und nahmen an einer besonderen buddhistischen Segnungszeremonie teil.

Auf den ersten Blick wirkte das Ganze wie eine Szene aus dem Film: In ihren traditionellen goldbraunen Gewändern saßen die buddhistischen Mönche mit gekreuzten Beinen in Reihen vor einem behelfsmäßigen Altar, auf dem ein Bild Seiner Heiligkeit des Dalai Lama und eine vergoldete Buddhastatue standen. Als Teil der Zeremonie überreichten die Mönche Annaud einen besonderen weißen Schal, eine Khata, die der Dalai Lama persönlich gesegnet hatte. Und Annaud, dessen Sinn für Kleidung – nicht nur am Set – bekannt ist, nutzte das Geschenk aufs beste: Den ganzen Tag lief er wie ein Flieger aus dem Ersten Weltkrieg herum, und der Schal um seinem Hals flatterte im Wind.

Als man am Fuß der Berge zu drehen begann, war es mit der heiteren Gelassenheit bald vorbei. Die Produktion wurde unablässig von Sandstürmen heimgesucht, die Schauspieler und Crew mit aufgewirbeltem Schmutz bedeckten, ihnen die Augen verklebten und sogar Scheinwerfer umwarfen. Nach einer Woche Sandsturm gab es niemanden mehr, der nicht an Husten oder Windverbrennungen litt.

Die Stürme waren so schlimm, daß Laurence Annaud lästige Halsschmerzen und eine ernste Mittelohrentzündung bekam und dem Drehort auf ärztliche Anordnung einige Tage fernbleiben mußte. Ihre Abwesenheit war äußerst ungewöhnlich, denn jahrelang hatte sie nicht einen Tag gefehlt, wenn Annaud drehte.

Offiziell war Laurence Regieassistentin und bei jeder Aufnahme dabei. Doch inoffiziell ist sie für Jean-Jacques wie ein zweites Paar Augen und Ohren und ein zweiter Kopf. Praktisch ist sie ein zweiter Regisseur. Seit *Am Anfang war das Feuer* haben die beiden bis auf *Der Bär* (zu jener Zeit erwartete Laurence ihre Tochter Louise) alle Filme gemeinsam gemacht. Ihre Beziehung hat sich inzwischen soweit vertieft, daß sie nur ein Wort zu wechseln brauchen, um zu wissen, was für eine Szene nötig ist und wie man es erreicht. Wenn man Laurence am Drehort beobachtet, stellt man fest, daß sie, wenn sie nur wollte, selbst eine gute Regisseurin

Annaud und seine Frau und Regieassistentin Laurence (links) sehen sich am Drehort Video-
aufzeichnungen an, dahinter Brad Pitt und David Thewlis (rechts) in abgerissenen
Reisekleidern.

wäre. Bevor sie Annaud traf und 1982 heiratete, hat sie übrigens eine Weile selbst Werbefilme gemacht.

Glücklicherweise ließ sich Annaud, der ja mit schwierigen Drehbedingungen Erfahrung hat, durch das Wetter überhaupt nicht beeindrucken. Je schlechter das Wetter, desto größer wurde sein Enthusiasmus. Denn schließlich sorgte die Natur dafür, daß seine Geschichte noch realistischer wurde.

»Was ich bei den Leuten im Filmgeschäft beobachte, ist eine gewisse Selbstzufriedenheit, vor allem, wenn sie schon eine Weile dabei sind und etwas Erfolg haben. Nicht so bei Jean-Jacques«, berichtet Brad Pitt. »Das ist ein Typ, der jeden Tag neu anfängt und sich neu begeistert. Sehen Sie, je schlechter das Wetter wurde, desto zufriedener war er. Je härter die Elemente, desto besser gefällt es ihm. Wind,

Regen, Staub in den Augen – die Leute können nichts mehr sehen, werden weggeblasen, die Scheinwerfer fallen um. Er ist begeistert. ›Ja, das ist es! So will ich es haben, das ist natürlich. Wir müssen jetzt sofort drehen.‹ Es ist ein Vergnügen, ihm zuzusehen.«

Das »echte« Tibet

Annaud entdeckte sehr schnell, daß die tibetischen Mönche glänzende Schauspieler abgaben. Durch jahrelange Übung in buddhistischer Meditation haben sie gelernt, ihre Energie vollständig auf eine Sache zu konzentrieren, gleichgültig ob es nun darum geht, den Lotossitz einzunehmen, ein Mantra zu kontemplieren oder eine Szene zu doubeln.

»Sie sind absolut phantastisch. Es ist einfach unglaublich – diese Idee, sich selbst zu geben, wie man ist«, sagt Annaud. »Ich hatte zwei ganz unglaubliche Typen [Mönche], die zwei stämmige Führer spielen sollten. Es waren großartige Schauspieler – und Stuntmen! Das meine ich ganz ernst. Wenn Sie einem Stuntman sagen, er soll hinfallen, dann fällt er so, wie er denkt, daß ein guter Stuntman in einem Film fallen sollte. Diese Tibeter nicht. Man sagt diesen Typen: ›Ihr müßt ausrutschen und dann hinfallen!‹ Und genau das machen sie dann: Sie rutschen aus und fallen hin! Wie im wirklichen Leben. Sie verstehen instinktiv, was künstlich ist, und das ist für mich sehr interessant. Es ist fast wie das Thema des Films: ›Sein‹ statt ›Vortäuschen‹. Und wenn die Tibeter vor der Kamera stehen, dann sind sie einfach sie selbst.«

Eine ähnliche Überraschung erlebte Annaud mit den Bolivianern, von denen einige hundert zusätzlich engagiert wurden. Nachdem man ihnen erst einmal die Köpfe geschoren und sie in braune Gewänder gesteckt hatte, sahen sie den tibetischen Mönchen unglaublich ähnlich. Tatsächlich waren sie von ihren tibetischen Mitspielern nicht mehr zu unterscheiden, bis auf die Tatsache, daß sie spanisch sprachen.«

»Ich habe so viele echte Tibeter eingesetzt, wie ich konnte«, sagt Annaud. »Das ist entscheidend: Der tibetische Geist darf nicht verlorengehen … Aber auch die Bolivianer kann ich einsetzen, weil sie ihnen täuschend ähnlich sehen. Solange ich

150 Tibeter im Vordergrund habe, geht es in Ordnung, wenn dahinter 200 Bolivianer stehen.«

Aber nicht bloß die Personen waren wie aus der tibetischen Wirklichkeit gegriffen, sondern auch das gesamte Ambiente wirkte unglaublich echt. Unter der Leitung von Produktionsdirektor At Hong und dem künstlerischen Leiter Pierre Queffelean hatte die Produktionsabteilung am Set außerhalb von Uspallata eine 200 Meter lange Straße aufgebaut, die aussah, als wäre man mitten in Lhasa. Sie wurde von Gebäuden gesäumt, die mit ihren leicht nach innen geneigten Wänden haargenau dem tibetischen Vorbild entsprachen; die Pfosten-Riegel-Konstruktionen waren in leuchtendem Blau und Orange gestrichen, und selbst die Wände hatten Risse, und der Putz war abgeblättert, damit die Häuser alt wirkten. Das Kopfsteinpflaster war mit echtem Yakhaar und Yakmist übersät, um einen streng riechenden, authentischen Eindruck zu vermitteln. Wenn man all das vor dem Hintergrund der Anden sah, war es schwer zu glauben, daß man nicht in Tibet war.

Aber im Vergleich zu dem, was auf der Ranch in San Martin, einem kleinen Ort außerhalb von Mendoza, hochgezogen wurde, waren die Lhasa-Sets noch gar nichts. Dort wurde rund um die Uhr gearbeitet, um eine verblüffende Welt hervorzubringen. Die Produktion hatte eine Reihe von ausgedienten Knoblauch-Lägern übernommen und sie in weitläufige Hollywood-Studios verwandelt, so daß sie für die verschiedenen Sets, die sich innerhalb und außerhalb der Studios befanden, als Basis dienen konnten.

Von diesen Sets gab es eine ganze Menge. So konnte man beispielsweise den Eindruck bekommen, als werde der ganze Potala-Palast Raum für Raum nachgebaut. In einem Lagerhaus wurde der Versammlungsraum der Minister, der *kashag*, hochgezogen; er hatte eine Größe von 420 Quadratmetern und wurde durch lange Bänke für die Minister und den Thron für Seine Heiligkeit vervollständigt. In einem anderen Lagerhaus entstand die »Halle der guten Taten«, der Krönungssaal. Er war 840 Quadratmeter groß, drei Stockwerke hoch und hatte sogar begehbare Balkons und Treppen auf allen Stockwerken.

Draußen dagegen strebte die eindrucksvolle viereinhalb Stockwerke hohe Treppe des Potala mit ihren vierundsiebzig Stufen, von denen jede drei Meter lang und 30 Zentimeter tief war, wie eine Pyramide der Mayas gen Himmel.

Ungefähr 145 Kilometer entfernt war eine ganz andere Welt im Bau: das britische Kriegsgefangenenlager von Dehra Dun, wo Harrer und Aufschnaiter interniert waren und von wo sie schließlich flohen. Dazu gehörten 26 verschiedene Gebäude, die eine Fläche von 4572 Quadratmetern einnahmen und mit Stacheldrahtrollen eingezäunt waren.

Übertroffen wurden Anzahl und Größe der einzelnen Sets nur noch durch die Ausstattung. Die Wände der *kashag* zum Beispiel wurden vom Boden bis zur Decke mit verglasten Regalen dekoriert, deren Fächer mit kleinen vergoldeten Buddha-Statuen oder kunstvoll ausgeführten Gebetsrollen angefüllt waren. Im diffusen Widerschein Dutzender kleiner Butterlampen aus Bronze, wie man sie in Tibet anstelle von Opferkerzen benutzt, schimmerten sie geheimnisvoll.

Für die Herstellung der Buddha-Statuen wurde in den Studios in Mendoza eine eigene Produktionsstätte eingerichtet. Die Figuren wurden aus Aluminium geschmolzen, mit Sand gefüllt, um ihnen Gewicht zu geben, und dann vergoldet. Hunderte dieser Statuen in allen Größen, von 15 Zentimetern bis zu einem Meter Höhe, wurden auf diese Weise hergestellt. Traditionelle tibetische Gegenstände, die nicht so leicht in Handarbeit reproduzierbar waren, wurden auf phantasievolle Weise kopiert. Die Wände der »Halle der guten Taten« zum Beispiel waren vom Boden bis zur Decke mit Buddha-Bildnissen bedeckt. Auffällig waren die Details und die Farben: Alle sahen handgemalt und wunderbar alt aus. Und in gewisser Hinsicht waren sie es auch.

»Gott sei Dank gibt es Fotokopierer«, sagt der Produktionsleiter Richard Goodwin, der auch David Leans *Reise nach Indien* produziert hatte. »Ohne Fotokopierer hätten wir uns das gar nicht leisten können … Wir haben diese speziellen Buddha-Figuren einfach fotokopiert, wie Tapete auf die Wand geklebt und mit der Hand bemalt.«

»Das Unglaubliche daran ist«, fügte Goodwin mit einem Lächeln hinzu, »daß sie absolut echt aussehen!«

Krönende Augenblicke

Dieser ganze Aufwand bei der Gestaltung der Details wurde nicht ohne Absicht betrieben. Das wurde noch einmal deutlich, als Annaud, die Schauspieler und die

Die Filmkulisse des britischen Kriegsgefangenenlagers in Nordindien, aus dem Harrer mit seinen Landsleuten floh.

Crew Anfang Dezember die Dreharbeiten in Uspallata beendet hatten und nach Mendoza zurückkamen, um in der »Halle der guten Taten« die Krönung des jungen Dalai Lama zu drehen.

Endlich war der immense Saal mit seinen 840 Quadratmetern fertiggestellt, und wie in einem surrealen Traum schien das alte Tibet wieder lebendig zu werden. Reihe um Reihe füllte sich die Halle: zuerst die Mönche in goldbraunen Gewändern, danach die Adligen in Gewändern aus blauem, rotem und orangefarbenem Brokat und schließlich die Kabinettsminister in eleganten langen Roben und breitkrempigen pelzbesetzten Hüten. Alle blickten zu dem Thron, auf dem der Dalai Lama (gespielt von dem vierzehnjährigen Jamyang Wangchuk) auf einem ein Meter zwanzig hohen Berg aus goldfarbenen Seidenkissen saß und auf die Krönung wartete.

Einen Akzent setzten fließende Gebetsfahnen, die wie gigantische farbenfrohe Drachenschwänze von den oberen Balkonen herabhingen. Rundherum standen tibetische Butterlampen, und die zahllosen Buddha-Statuen, die mit ihren weitaufgerissenen Augen von den Wänden herabstarrten und eine Hand zu dem Mudra-Zeichen »keine Angst« erhoben hatten, verbreiteten einen betörenden goldenen Schimmer.

Beherrscht wurde der Raum von einer riesigen goldenen Statue des Sakyamuni, dem historischen Buddha, der mit gekreuzten Beinen auf seinem Lotosthron saß. Der Thron war mit vierzehn kunstvollen hellrosa, blaßblauen und cremefarbenen Butterfiguren dekoriert, die die Mönche aus einer Mischung aus Yakbutter, Wachs und Wasser selbst angefertigt hatten.

In diesem Farbenmeer war Annaud, ganz in Weiß gekleidet, nicht zu übersehen. Blitzschnell huschte er über den Set und verbreitete Enthusiasmus, gleichgültig, ob er nun dem jungen Dalai Lama seine Hornbrille zurechtrückte oder mit seinem Kameramann Fraisse eine Einstellung diskutierte. Besonderen Spaß machte es ihm, sich um die kleinsten Details selbst zu kümmern – wie zum Beispiel die zeitliche Abstimmung zwischen der Musikgruppe (mit Langhörnern) auf der einen Seite des Thrones und dem Gesang der Mönche in der ersten Reihe.

»Die Musik beginnt zuerst, nach einigen Takten setzen die Mönche ein«, sagte er und zeigte dabei auf die Männer in der ersten Reihe. »Erst dann fangen die Mönche mit dem Verbeugen an.«

Tatsächlich war es beinahe unheimlich, wie alle anscheinend disparaten Teile sich zusammenfügten, als Annaud »Action!« rief und die Kameras zu surren begannen. Die Musiker setzten ein, der Gesang begann, und eine Reihe nach der anderen verbeugte sich, so daß es aussah, als wenn von dem Thron eine Wellenbewegung aus Menschenleibern ausging und sich bis zum Ende der Halle fortsetzte, wo schließlich Harrer (Pitt), das einzige weiße Gesicht in der Menge, ins Bild kam. Angetan mit einem schlichten, aber leuchtendroten Gewand, saß er ganz hinten und verbeugte sich wie alle anderen.

Das war natürlich der springende Punkt. Die ganze Szene – Gebäude, Menschen, Kostüme, Beleuchtung und Musik – war konzipiert, um einen Seelenzustand dramaturgisch umzusetzen. Ein Weltklassebergsteiger hatte Auszeichnungen und Steigeisen aufgegeben und dafür ein einfaches rotes Gewand und den

59

Sinn für menschliches Mitgefühl eingetauscht. Jetzt gehört er zur buddhistischen Kultur.

Als diese Erkenntnis langsam dämmerte, roch es auf einmal durchdringend nach Räucherstäbchen. Richtiggehende Wolken stiegen hinter dem Kissenthron des Dalai Lama auf. Und als man herauszufinden versuchte, woher diese Wolken kamen, da stand Annaud hinter dem Thron versteckt und wedelte mit tibetischen Räucherstäbchen.

»Ich wollte es riechen«, erklärte er. »Und auch meine tibetischen Freunde sollten es riechen. Das ist der Duft ihres Landes, und wenn sie das riechen, sind sie dort!«

Besonders für die Tibeter waren die Gefühle, die durch diese Szenen hervorgerufen wurden, oft so stark, daß sie auch dann noch lange anhielten, wenn die Kamera bereits abgeschaltet war. Tatsächlich konnte man häufig schwer unterscheiden, wo der Film aufhörte und das Leben anfing.

In einer Szene zum Beispiel muß eine Gruppe von Tibetern zusehen, wie ihre Führer vor den Chinesen kapitulieren. Der emotionale Kern der Szene ist der Schrei der jungen Schneiderin Pema aus Lhasa: »Gebt dem Dalai Lama die Macht, Tibet zu befreien!« Sobald die Kamera lief, der Vertrag unterzeichnet war und der Schrei »Befreit Tibet!« ertönte, wurde er von anderen aufgenommen und fand überall am ganzen Set sein Echo. Nach Annauds »Cut!« verstummte er noch lange nicht, und viele Anwesende hatten Tränen in den Augen.

»Viele der älteren Mönche durchleben im Film noch einmal Dinge, die ihnen wirklich widerfahren sind«, sagt Jetsun Pema. »Im Film gibt es Szenen, in denen die chinesischen Besatzungstruppen junge Mönche zwingen, ihre eigenen Lehrer zu erschießen. Das ist in Tibet wirklich passiert. Die jüngeren Tibeter hingegen, die zwanzig, fünfundzwanzig oder dreißig, die in Indien geboren wurden und ihr Vaterland nie gesehen haben, lernen sehr viel über die Vergangenheit. Durch den Film sind viele Tibeter aus der ganzen Welt, aus Indien, Europa und Amerika, zusammengekommen. Ohne dieses Projekt wäre es dazu nie gekommen.«

Offenbar waren die Lernprozesse keineswegs einseitig. Viele Mönche, die in Mendoza in Hotels wohnten, waren plötzlich Berühmtheiten, wenn sie in ihren traditionellen goldbraunen Gewändern mit passenden braunen Überwürfen und manchmal mit modischen Sonnenbrillen in der Stadt unterwegs waren. Sie wurden auf der Straße angehalten, fotografiert und freundlich empfangen, wenn sie in den Einkaufsstraßen auftauchten.

Andererseits machte ihre spürbare Spiritualität so tiefen Eindruck auf die westlichen Mitglieder der Truppe, daß die Mönche bald als bemerkenswerte Persönlichkeiten wahrgenommen wurden. Obwohl sie Freunde, Familie, Heim und Land verloren hatten, strahlten sie eine derart große Gelassenheit und tiefe Freundlichkeit aus, daß sie jeden, der in ihre Nähe kam, tief beeindruckten.

»Während der Dreharbeiten machten wir oft Erfahrungen, die wir nie gemacht hätten, wenn wir als Touristen nach Tibet gefahren wären«, sagte Thewlis. »Das war nicht bloß eine seltene Gelegenheit, eine fremde Kultur kennenzulernen. Es war eine einmalige Chance ... Wir teilten mit ihnen den Alltag, und dabei lernten wir einige von ihnen zwangsläufig sehr gut kennen.«

»Bei dem wunderbaren Fest, das sie für uns gaben, hatte ich sogar eine Jamsession mit ihnen«, erinnert sich Thewlis. »Ich setzte mich einfach hin und spielte ungefähr eine Stunde auf einer ihrer viersaitigen Gitarren. Und mittendrin dachte ich: Wow, das ist wirklich einmalig. Nie zuvor habe ich mit hundert tibetischen Mönchen zusammengesessen, Gitarre gespielt und soviel Zuneigung gespürt! ... So etwas kann man in einem Pub in London nicht erleben.«

Auf in die Berge

Die Hauptdreharbeiten in Argentinien endeten am 23. Januar 1997 in La Plata, einer Kleinstadt bei Buenos Aires. Hier wurden die Anfangsszenen gedreht, in denen Harrer sich von seiner schwangeren Frau in Österreich verabschiedet und zur Besteigung des Nanga Parbat aufbricht.

Schon zwei Wochen später war eine andere Truppe von ungefähr hundert Personen bereits in Kanada. Am Fuße des Mount Waddington (zwei Flugstunden von Vancouver entfernt) hatte man auf einer kleinen Ranch ein Basiscamp aus Winnebago- und ATCO-Wohnwagen eingerichtet, und alles war bereit, um die Bergszenen zu drehen.

Annaud kannte sich sehr gut aus, denn für seinen IMAX-3-D-Film *Wings of Courage* hatte er das gesamte Gebiet erforscht. Seine abgelegene, einsame Schönheit (die nächste Stadt, Williams Lake, ist vier Autostunden entfernt) war genau das, was Annaud für *Sieben Jahre in Tibet* vorschwebte, auch wenn man hier bisweilen allein 45 Minuten mit dem Hubschrauber unterwegs war, um den Set für einen Drehtag zu erreichen.

»Außerhalb des Himalaja ist das die einzige Stelle auf der Erde, wo es derart gewaltige Höhenunterschiede zwischen Gipfeln und Tälern gibt und überall Gletscher«, erklärte Annaud. »Das Küstengebirge ist durchschnittlich ungefähr 1800 Meter niedriger als der Himalaja, aber es sieht fast genauso aus. Und für Schauspieler und Crew ist die geringere Höhe ein Vorteil ... natürlich auch für die Hubschrauber.«

Fortsetzung auf Seite 65

62

Eine Bildmappe
von Jean-Jacques Annaud

Die Farbfotografien auf den folgenden Seiten wurden von dem Regisseur Jean-Jacques Annaud während einer Reise durch Tibet und andere zentralasiatische Hochländer im Jahre 1995 aufgenommen. Die Reise diente der Vorbereitung und der Motivsuche für den Film *Sieben Jahre in Tibet.* Obwohl der Film letztlich an anderen Orten gedreht wurde, dienten diese Bilder (und mehrere tausend andere von seinen vielen Reisen) während der gesamten Produktion als Leitfaden und unverzichtbare Inspirationsquelle. Die meisten der nicht in Tibet gemachten Aufnahmen stammen aus der nordindischen Provinz Ladakh, einem buddhistischen Land im Himalaja, das große Ähnlichkeiten mit Tibet aufweist und für viele Exiltibeter zur Heimat wurde. Die Erläuterungen zu den Fotos stammen von Annaud selbst.

Gyatse, drittgrößte Stadt Tibets.
Die Festung, die einstmals die Stadt
dominierte – oder das, was von ihr übrig
ist –, vom Dach des heiligen Palkhor
Chode, einem der berühmtesten
tibetischen Heiligtümer, aus gesehen.

Der Yamzho Yung See, nicht weit von dem 4572 Meter hoch gelegenen Paß an der Hochstraße zwischen Lhasa und Gyantse in Tibet.

Reisende auf einer unbefestigten Straße in den Hügeln bei Leh, der Hauptstadt von Ladakh, im äußersten Norden Indiens.

Tibeterin im Barkhor, Lhasa

Pilger auf einer Gasse im Barkhor, dem alten Bazar von Lhasa. Rechts sieht man die Gebetsmühlen der tibetischen Buddhisten, die gedreht werden, um die Gebete zu den Göttern zu bringen. Wenige Monate nachdem ich diese Aufnahme gemacht hatte, wurden die Gasse und der ganze Bezirk zerstört.

Der Potala Palast, früher Residenz des Dalai Lama in Lhasa, vom Dach des Jokhang-Tempels aus gesehen.

Wandbemalung in einem Korridor des Potala

*Hinter dem Potala gehen Pilger den
unteren Weg um die heilige Festung.
Der Weg ist mehrere Kilometer lang
und wird gegen den Uhrzeigersinn
begangen. Auf dem Weg gibt es
mehrere hundert Gebetsmühlen, die
gedreht werden müssen.*

Heilige Goldfische in dem kleinen See hinter dem Potala

Das Dach des Jokhang in Tibet. Tibets heiligster Tempel.

Vergoldete Gyaltsen oder
»Siegesbanner«, über dem Dach
des Jokhang

Eine Schmucktür am Jokhang-Tempel. Das farbige Tuch, das von den Ringen herabhängt, ist von der Yakbutter an den Händen zahlloser Pilger braun gefärbt.

Lamayuru, eines der berühmtesten Dörfer in Ladakh. Das rote Gebäude ist das Kloster.

Unterhalb des Payang-Klosters in Ladakh stehen Denkmäler für herausragende Buddhisten.

*Auf dem Dach des Tikse-Klosters,
Lhasa, blasen zwei Mönche auf
verzierten Muscheln.*

Auf den Stufen des Tikse-Klosters

Bemalte Wand mit Bögen im Tikse-Kloster

Gebetsmühlen und Denkmäler
in Lamayuru, Ladakh.

Im Kloster von Lamayuru schlägt
ein Mönch in seiner Zelle eine
Trommel, während er buddhistische
Schriften liest.

Hauptgebetszimmer im Tikse-Kloster

Junge Mönche im Kloster von
Lamayuru beim Nachfüllen der
Butterlampen

Mönche auf einer Terrasse über den Feldern außerhalb von Lamayuru, Ladakh, in der Regenzeit

*Auf dem Dach des Jokhang in Lhasa
nach einem Hagelschauer*

Die Szenerie war atemraubend. Für etliche Mitglieder der Truppe war es denn auch das Schönste, was sie je gesehen hatten. Aber selbst dieses Paradies hatte seine Kehrseite, besonders als nach zwei Wochen der Reiz des Neuen langsam nachließ und die Wirklichkeit die Oberhand gewann. Die Tage verbrachte man entweder eingepfercht in einem 1,80 mal drei Meter großen Raum mit Lesen oder Video-gucken (es gab einen Rekorder im Camp) oder aber draußen, wo man durch knie-tiefen Schnee stapfen mußte und mit Temperaturen unter Null und arktischen Winden zu kämpfen hatte.

Außerdem steckte man in einem Dilemma, das den Streß noch erhöhte. Für bestimmte Szenen brauchte man nämlich eigentlich schlechtes Wetter; war das Wetter aber *zu* schlecht, konnten die Hubschrauber die Truppe nicht zum Set flie-gen. Folglich mußte man stundenlang warten, bis sich die richtige Mischung ein-stellte.

Allerdings wurde die Langeweile bisweilen auch durch Augenblicke echten Schreckens unterbrochen. Die Kletterszenen waren nämlich äußerst gefährlich, und starker Wind sorgte dafür, daß der Adrenalinfluß nicht unterbrochen wurde. Nervenzerreißend war vor allem eine bestimmte Szene: Harrer und Aufschnaiter steigen gerade einen steilen Abhang hinauf, als Aufschnaiter ausgleitet, den eisigen Abhang hinunterrutscht, vom Felsen stürzt und nur durch das Seil gehalten wird, das ihn mit Harrer verbindet. Er baumelt in der Luft. Um diese Szene zu drehen, installierten die Kameraleute oben auf dem Abhang eine Plattform, seilten sich selbst an und hofften das Beste, wenn der Wind sich auftat.

»Alle Szenen wurden in einer wunderschönen, aber bedrohlichen Landschaft gedreht«, sagte Kameramann Fraisse. »Es war wirklich gefährlich, weil man auf der kleinen, vereisten Plattform oben am Felsen leicht ausrutschen konnte. Die Leute vom Sicherheitsdienst waren sehr nervös, und wir wurden rundum angeseilt.

Brad und David waren sehr mutig. Vor Beginn der Dreharbeiten hatten sie zwei Wochen in den Dolomiten trainiert. Bei dieser Szene wurden keine Doubles eingesetzt. Als Aufschnaiter zwanzig Meter ›fiel‹, fiel er tatsächlich und wurde nur durch das Seil aufgefangen.«

Nach den Dreharbeiten

Am 8. März 1997 waren die Filmaufnahmen in Kanada beendet. Bereits 48 Stunden später hatte Annaud Laurence in ein Flugzeug nach Paris gesetzt, war selbst nach London geflogen und saß nun in seinem Schneideraum, um den Film zu montieren.

Eigentlich hatte er bereits an den ersten Drehtagen in Argentinien mit dem Editing begonnen. Gewöhnlich kam er nach einem 12- bis 14stündigen Arbeitstag vom Set nach Hause, aß zu Abend, setzte sich dann in einem Hinterzimmer an seinen Schneidetisch und sah sich die Aufnahmen des Tages an. Dann notierte er, welche Aufnahmen ihm gefielen und warum, und schickte das Ganze nach London zu seiner Cutterin Noëlle Boisson, die mit Annaud schon so manche Filmschlacht geschlagen hatte.

»Bereits als ich noch Werbefilme machte, war sie meine beste Cutterin«, sagte Annaud. »Auch *Der Bär* und *Der Liebhaber* wurden von ihr geschnitten. Wir arbeiten sehr, sehr gut zusammen; außerdem ist sie in Frankreich die angesehenste Cutterin – und die mit den meisten Auszeichnungen!«

Annaud hat es sich zur Regel gemacht, den Anfang des Filmes zuerst zu schneiden. Aber in diesem Fall waren die ersten Szenen noch gar nicht gedreht, als er mit der Arbeit anfing. Trotzdem tat er sein Bestes, die Handlung zusammenzufügen.

»Die erste Montage ist immer der reinste Horror, so daß man einfach irgendwo anfangen muß, um überhaupt eine Form reinzubringen«, sagte Annaud. »Man muß einfach reingehen, den Stellenwert jeder einzelnen Szene klären, ihr eine möglichst spannende Form geben und sich dann einfach eine 20minütige Sequenz anschauen. Beim ersten Durchgang versuche ich vor allem, Szenen und Sequenzen wenigstens in eine Form zu bringen, die man mit Vergnügen anschaut, und dann von dort aus mit den Zusammenhängen zu jonglieren.«

Die nächsten acht Wochen arbeiteten Annaud und Boisson rund um die Uhr, durchschnittlich vierzehn Stunden an sechs Tagen pro Woche. Das Mittagessen wurde gebracht und auf einer Ecke des Schneidetisches verzehrt; das Abendessen um 23.30 Uhr bestand aus tiefgefrorenen Vorspeisen, die in der Mikrowelle warmgemacht und direkt aus dem Behälter gegessen wurden.

Heinrich Harrers Foto des Dalai Lama im Alter von sechzehn Jahren, das letzte Bild Seiner Heiligkeit im freien Tibet. Umgeben von seinen Ministern, segnet er eine goldene Urne mit den Überresten des Gautama Buddha.

Als der Film allmählich Gestalt annahm, mußte Annaud feststellen, daß die größte Herausforderung darin bestand, die verschiedenen Handlungsstränge (die persönliche Geschichte von Harrer, Tibet und die historischen Ereignisse) miteinander zu verknüpfen und in Bild und Handlung eine zusammenhängende Erzählung zu kreieren. »Beim Schnitt war es ziemlich schwierig, die erzählerischen, emotionalen und historischen Aspekte zusammenzuhalten«, berichtet er. »Wenn ich ehrlich sein soll, es war ein ungemein hartes Stück Arbeit, und ich machte mir große Sorgen, daß die verschiedenen Ebenen nicht deutlich werden könnten … Es ist ziemlich schwierig, mit so vielen Ebenen zu arbeiten … Aber das sind ja gerade die Herausforderung und der Reiz.«

Einen nicht unwesentlichen Beitrag zur Integration der Handlung lieferte auch der legendäre Komponist John Williams, der für solche Kassenschlager wie *Krieg der Sterne* und *Indiana Jones* die Musik geschrieben hatte und nun nach neuen Herausforderungen suchte, um sein Talent unter Beweis zu stellen.

»Genau wie Brad hatte John einfach keine Lust mehr, mit dem weiterzumachen, was ihn berühmt gemacht hatte, und er brannte darauf, etwas Neues zu versuchen«, sagte Annaud, »nämlich die Melodie eines Herzens zu intonieren, statt immer nur die Wirkung der special effects zu steigern.«

»John ist einer der ganz wenigen Filmkomponisten, die sich sowohl mit klassischen Sinfonien als auch mit Filmen auskennen«, fügte er hinzu. »Er hat ein unglaubliches Verständnis für die ›Notwendigkeiten‹ der Bildmontage.«

Auf der visuellen Ebene versuchte Annaud, ein Bildgerüst zu erstellen, das den Zuschauer fesselt und ihn nicht mehr losläßt. Um das zu erreichen, baute er die Szenen so auf, daß ein oder zwei Einstellungen eine visuelle Frage aufwerfen, die in der folgenden Einstellung beantwortet wird, dann die nächste Frage in der folgenden Einstellung, und der ganze Prozeß beginnt von vorne.

So beginnt der Film mit einer Einstellung, mitten in einer öden Berglandschaft, dann sieht man einen tibetischen Adligen in prächtigen Kleidern. Was ist hier los? Ein Kameraschwenk gibt uns die Antwort: Wir sehen Adlige, die Geschenke bringen. Für wen? Ein weiterer Kameraschwenk, und wir sehen den jungen Dalai Lama auf seinem Thron. Er macht ein Geschenk auf, und es ist eine große Spieldose.

»Der Film folgt einem Muster: Eine Szene wirft Fragen auf, und in der nächsten Szene gibt es die Antwort«, sagt Annaud. »So mache ich es eigentlich immer, aber diesmal noch häufiger … Ich finde diese Methode gut, weil sie die Aufmerksamkeit des Publikums wachhält. Ich will keine Geschichte erzählen und sie abschließen: Wenn man die Geschichte abschließt, schließt man die Szene, und wenn man die Szene schließt, beendet man den Film. Das Publikum soll dauernd überlegen, was es wirklich weiß. Denn dann ergibt sich eine aktive Teilnahme. Statt zu Passivität kommt es dann fast zu einer Interaktion.«

Der Regisseur dachte einen Augenblick nach, dann lächelte er und fügte hinzu: »Ja genau, ich versuche, das Publikum mit ein paar Fragen am Leben zu halten.«

Sieben Jahre in Tibet

Das Drehbuch

nach dem Original übersetzt
von Waltraud Götting

EINBLENDE:
Audienzszene

TIBETISCHES TAL – TAG
Tiefer monotoner Singsang erhebt sich über dem Bild einer archaischen, monumentalen Landschaft – eine gewaltige blaue Himmelskuppel, ein weites Plateau, das von einer Gebirgskette mit schneebedeckten Gipfeln umsäumt ist. In einem Tal mit üppiger Vegetation kommt ein ausgedehntes Zeltlager in den Blick. Auf mächtigen Zeremonienzelten prangen asiatische Symbole.

ZELT – TAG
Im Innern des größten Zelts schreitet eine endlose Reihe asiatischer Würdenträger in exotischen Brokat- und Fellgewändern und scharlachrot gewandeter Mönche

mit Opfergaben in den Händen einen Gang hinunter. Sie intonieren einen tiefen, monotonen Sprechgesang. Ein älterer Mönch hält eine exquisite, glänzend lackierte orientalische Spieldose in den Händen, in deren Deckel das Bild eines Berges eingearbeitet ist. Alle Gläubigen haben den Blick zu Boden gesenkt, einer nach dem anderen legt, ohne sein Gebet zu unterbrechen, ein Geschenk vor einem hohen, mit Schneelöwen verzierten Thron ab.

Auf dem Thron sitzt ein tibetisches Kind von vier Jahren. Es ist der Dalai Lama. Er sitzt mit untergeschlagenen Beinen auf dem Thron, und während die Geschenke zur Begutachtung vor ihm ausgebreitet werden, strahlt seine Haltung eine übernatürliche Ruhe aus. Neben dem Dalai Lama – auf kleineren und niedriger stehenden Thronstühlen – sitzen seine Eltern. Auf seinem einsamen erhöhten Posten wird der Junge unruhig, er beugt sich zu seiner Mutter hinunter und flüstert ihr etwas zu.

DALAI LAMA
Ama … Ama la …

In aufrechter und stolzer Haltung hebt die Mutter mahnend den Zeigefinger, ohne ihren Sohn dabei anzusehen. Das Kind zieht sich sichtbar eingeschüchtert zurück, es sehnt sich nach Zuwendung. Dann leuchten seine Augen plötzlich vor Freude auf, als ihm der ältere Mönch die Spieldose zeigt und ihren Deckel öffnet, worauf ein betörendes Wiegenlied erklingt. Strahlend streckt der Dalai Lama die Hand danach aus und berührt das Kästchen.
ENDE AUDIENZ

AUTO – TAG
Heinrich Harrer – ein arroganter, athletisch gebauter junger Mann mit flachsblondem Haar, der aussieht, als wäre er einem Filmplakat für *Triumph des Willens* entsprungen – starrt aus dem Fenster und versucht seine Wut zu unterdrücken, während seine junge Frau Ingrid ihrem Ärger Luft macht. Ingrid, sonst offensichtlich eine sehr schöne Frau, ist blaß, mürrisch und in aufgewühlter Gemütsverfassung.

INGRID
Ich wünschte, wir hätten uns an der Haustür verabschiedet und fertig. Dann könntest du jetzt glücklich und zufrieden allein fahren.

Gereizt wendet sich Harrer zu ihr um.

HARRER
Warum mußt du so sein? Warum machst du aus allem ein Problem? Das ist
eine gute Frage. Das Leben ist nicht immer bequem.
(tut so, als wolle er sie aufmuntern)
Willst du nach Hause zurück, möchtest du umkehren?

INGRID
Ja.

HARRER
Es geht zum Himalaja! Wie lange rede ich schon vom Himalaja? Wie lange?

Ingrid sinkt sichtbar entmutigt in sich zusammen.

INGRID
Viel zu lange.

Der Wagen wird von einem unauffälligen jungen Mann – Horst Immendorf –
gesteuert, der so tut, als bemerke er nichts von der gereizten Stimmung im Fond.
Ingrid beugt sich zu ihm vor.

INGRID
Horst, kannst du mir behilflich sein, wenn wir ankommen?

HORST
Ja, natürlich.

Harrer verdreht die Augen, glaubt, daß sie die Bemitleidenswerte spielt.

HARRER
Hör auf damit, Ingrid.

BAHNHOF GRAZ – TAG
Der Wagen hält vor dem belebten Bahnhof; Nazisoldaten eilen in Scharen zum Eingang, über dem eine riesige Hakenkreuzfahne hängt. Harrer holt seinen Rucksack
aus dem Auto, nimmt Ingrid bei der Hand und zieht sie durch das Menschengewühl.

HARRER
Verdirb uns nicht diesen Augenblick

BAHNHOFSSCHALTERHALLE GRAZ – TAG
Im Bahnhof wimmelt es von Nazisoldaten. Auf der Suche nach einer bestimmten Person zieht Harrer Ingrid an Reisenden vorbei, die an den Fahrkartenschaltern Schlange stehen.

HARRER
Wo ist dieser Idiot, der uns hier erwarten sollte?

Ein hochgewachsener, schlanker und überkorrekt wirkender Mann hat Harrer entdeckt und kommt auf ihn zu: Peter Aufschnaiter. Aufschnaiter hat einen Stapel Fahrkarten in der Hand.

AUFSCHNAITER
Herr Harrer? Hier sind Ihre Fahrkarten …

77

Harrer reißt Aufschnaiter die Fahrkarten aus der Hand.

> HARRER
> Schön. Ich bin spät dran. Bringen Sie mich zu meinem Zug …

> AUFSCHNAITER
> Nein, nein. Sie haben mich mißverstanden …
> *(bescheiden)*
> Ich bin Peter Aufschnaiter. Ich leite die Expedition. Wie geht es Ihnen?

Mit scheuem Lächeln streckt Aufschnaiter die Hand aus. Harrer mustert die wenig beeindruckende Gestalt, und während er dem Mann die Hand schüttelt, ist ihm die Enttäuschung deutlich ins Gesicht geschrieben.

BAHNSTEIGE — TAG

Als Harrer, Ingrid und Horst aus der Schalterhalle heraustreten, sehen sie zwei Bahnsteige weiter das Gewimmel deutscher Soldaten, die im Begriff sind, ihre Züge zu besteigen. Auf einem der Gleise fährt ein Zug mit Tiefladewaggons an, der mit Geschützen und Panzerfahrzeugen beladen ist.
Ein kräftig gebauter Nazifunktionär entdeckt Harrer, der sich mit Ingrid und Horst zu seinem Zug durchkämpft, und eilt auf ihn zu.

> FUNKTIONÄR
> Ah, da ist ja unsere Berühmtheit.
> *(erreicht Harrer)*
> Darf ich Ihnen im Namen des Reichssportführers sagen, Herr Harrer, daß wir uns geehrt fühlen, einen so großen deutschen Helden im Team zu haben.

> HARRER
> Vielen Dank. Aber ich bin Österreicher.

Während er Harrer durch das Gedränge der Reisenden führt, winkt der Funktionär den Fotografen heran, der sofort herbeieilt und ein Foto schießt, als der Funktionär Harrer mit großer Geste ein Nazifähnchen überreicht.

FUNKTIONÄR

Ja, aber ich bin überzeugt, daß Sie als berühmtes Mitglied der Nationalsozialistischen Partei stolz sein werden, die Flagge unseres Landes auf den Gipfel des Nanga Parbat zu setzen … wenn Sie ihn erreichen.

(verlangsamt seinen Schritt)

Ich bin ganz sicher, daß der Mann, der die Eiger-Nordwand bezwungen hat, auch die Götter »unseres Berges« zähmen kann.

Harrer nimmt die Flagge. Blitzlichter flammen auf. Sie erreichen einen Waggon, vor dem Aufschnaiter mit zwei weiteren Bergsteigern wartet: Hans Lobenhoffer und Lutz Chicken, die irgendwie aussehen wie ein Komikerduo. Die beiden Expeditionsteilnehmer strecken Harrer die Hände entgegen und machen sich mit ihm bekannt.

LOBENHOFFER

Hans Lobenhoffer.

CHICKEN

Lutz Chicken.

Harrer schüttelt ihnen pflichtschuldig die Hände. Blitzlichter flammen auf.

FUNKTIONÄR

Und ein Bild mit Ihrer reizenden Frau Gemahlin.

Harrer wirft Ingrid hastig einen beschwörenden Blick zu, zieht sie zu sich heran. Sie lächelt lustlos, während die Blitzlichter aufflammen. Der Funktionär deutet auf Horst.

FUNKTIONÄR

Und Herr …

HORST

Horst Immendorf. Ein Freund der Familie. Fotos überflüssig.

Der Fotograf schießt weitere Bilder, und Harrer lächelt strahlend und gutgelaunt in die Kamera – ein krasser Gegensatz zu der bedrückten Miene, die Ingrid auch hinter ihrem Lächeln nicht verbergen kann. Harrer trägt nach außen hin vollkom-

mene Unbeschwertheit zur Schau, und die Leichtigkeit, mit der er seine Rolle spielt, vertieft Ingrids Kummer nur.

FUNKTIONÄR
Wann ist es denn soweit, Frau Harrer?

Er zeigt dabei auf ihren Bauch. Und jetzt enthüllt die Kamera zum ersten Mal, was bis dahin nicht zu sehen war: Ingrid ist im achten Monat schwanger. Die Frage schneidet ihr ins Herz. Und bewirkt, daß Harrers Lächeln erstirbt.

INGRID
Ungefähr um die Zeit, wenn mein Mann das Basislager erreicht.

Damit wendet sie sich abrupt ab. Sie hat sichtlich Mühe, nicht die Fassung zu verlieren. Harrer packt sie am Arm und zieht sie von den neugierigen Presseleuten weg.

HARRER

Warum posaunst du unsere Probleme nicht ins ganze Land hinaus?

Ihre Augen füllen sich mit Tränen, sie ist dem Zusammenbruch nah.

HARRER

Ich steige jetzt in den Zug. Möchtest du mir noch irgend etwas sagen?

Entsetzt über seine Gefühllosigkeit, starrt sie ihn wortlos an.

HARRER

Schön. Dann geh jetzt. Wir sehen uns in vier Monaten.

Bemüht, sich seine aufsteigenden Schuldgefühle nicht anmerken zu lassen, küßt er sie, dann wendet er sich, schon auf dem Sprung, an Horst.

HARRER

Paß gut auf sie auf.

ZUG – TAG

Harrer schiebt sich durch ein dichtes Menschengedränge, bleibt an einem Fenster stehen, schaut hinaus und sieht, wie Ingrid und Horst den Bahnsteig verlassen und die Schalterhalle durchqueren. Sie weint haltlos. Horst legt ihr den Arm um die Schultern und versucht sie zu trösten.

ZUG – TAG

Von Schuldgefühlen überwältigt, sieht Harrer den beiden nach. Er geht den Gang entlang und erreicht ein Abteil, in dem sich die drei anderen Expeditionsteilnehmer bereits niedergelassen haben. Ein freier Platz ist für Harrer reserviert. Unfähig, ihre Gegenwart jetzt zu ertragen, geht Harrer weiter und betritt ein anderes Abteil.

ZUGABTEIL – SPÄTER

Während der Zug durch die Tiroler Landschaft rollt, gibt sich Harrer seiner Verzweiflung hin, starrt ausdruckslos aus dem Fenster.

SUBJEKTIVE: Draußen reißt ein weißer Wolkenschleier auf und gibt den Blick auf einen Gipfel frei, der einsam die Gebirgskette der Hohen Tauern überragt.

NAHEINSTELLUNG – WELTKARTE

Auf einer Landkarte sehen wir Harrers Reiseroute, durch Europa mit dem Zug, nach Asien hinein per Schiff. Einem Gipfel im Himalaja entgegen – sein Name: Nanga Parbat.

Während wir dem gewundenen Verlauf seiner Reise folgen, hören wir Harrers Erzählung:

> HARRER (aus dem Off)
> Wir haben eine achttausend Kilometer lange Reise vor uns. Wenn wir Indien erreichen, ist unser Ziel der Himalaja und der neunthöchste Gipfel der Erde, der Nanga Parbat. Der Name bedeutet »Nackter Berg«. Die Deutschen nennen ihn »Unser Berg«. Vor uns haben schon vier deutsche Expeditionen versucht, ihn zu besteigen. Sie sind alle gescheitert. Elf Bergsteiger sind durch Schneestürme und Lawinen ums Leben gekommen. Mittlerweile ist die Bezwingung des Nanga Parbat zur nationalen Besessenheit, zu einer Frage der deutschen Ehre geworden.

GEBIRGE – TAGESANBRUCH

Im hellen Schein des Vollmondes steigen die vier Teilnehmer der deutschen Expedition über einen Eisgrat des Nanga Parbat auf.

NANGA PARBAT – TAG

Unter Benutzung der Eispickel, umsichtig und präzise, bewegt sich das Team über eine steile Eiswand.

Harrers Stimme nimmt die Erzählung wieder auf.

> HARRER (aus dem Off)
> 29. Juli 1939. Wir haben in 22 000 Fuß Höhe bereits das vierte Lager aufgebaut. Vor uns liegt der Rakhiot-Gletscher und ein schwieriger Aufstieg durch die Eisrinne.
> *(zögert einen Moment)*

Das Baby muß jetzt mindestens einen Monat alt sein. Ich bin in letzter Zeit so durcheinander und mit anderen Dingen beschäftigt, daß ich nicht mit der gewohnten Sicherheit klettern kann.

Harrer, der die Nachhut bildet, wirkt gedankenverloren und nicht im Rhythmus mit der Gruppe. Er setzt einen Schritt. Sein Fuß findet keinen Halt. Er verliert das Gleichgewicht. Die scharfen Stahlspitzen seines Steigeisens bohren sich in seine Wade, reißen eine tiefe Wunde. Halb wahnsinnig vor Schmerz, gelingt es ihm, die Rutschpartie mit seinem Eispickel zu bremsen. Hoch über ihm, außerhalb seines Blickfeldes, rufen die anderen nach ihm.

AUFSCHNAITER
Alles in Ordnung mit dir?

HARRER
Ja, habe ein Steigeisen verloren. Geht nur weiter.

Er sieht nach unten – der Schnee unter ihm ist rot von seinem Blut. Zitternd und totenblaß untersucht er seine Wade. Aus der offenen Wunde quillt Blut. Wütend auf sich selbst, legt er hastig eine Aderpresse um das Bein. Er gibt sich alle Mühe, die Binde unter dem Strumpf zu verbergen. Nimmt eine Handvoll Schnee und säubert den Strumpf von Blut.

NANGA PARBAT – TAG
Weiter oben haben sich über einem Grat Sturmwolken zusammengebraut. Lobenhoffer und Chicken klettern in einer Seilschaft. Weiter unten klettert Harrer mühsam und mit schmerzverzerrtem Gesicht den Hang hinauf. Als er Aufschnaiter erreicht, läßt er sich seine Schmerzen nicht anmerken.

AUFSCHNAITER
Das Wetter wird schlecht. Wir sollten uns anseilen.

Harrer nickt, dann wickeln beide ihre Seile auf und haken sie am Gurt des anderen ein.

AUFSCHNAITER
Hast du dir weh getan da unten?

HARRER
Nur ein Kratzer.
(ist fertig mit dem Anseilen)
Ich gehe vor.

FELSWAND – TAG
Aufschnaiter rutscht ab, hängt am Seil, sieht das Blut an Harrers Bein. Harrer sichert ihn.
Naheinstellung von Harrers Bein: Sein Strumpf ist blutgetränkt. Harrer, der die Zweierseilschaft führt, kämpft gegen schneidenden Wind und dichtes Schneetreiben an. Er konzentriert sich beim Klettern ausschließlich auf sein Ziel, ist sich seiner Schmerzen nicht bewußt. Findet Halt und schwingt sich auf den Grat hinauf,

dann blickt er zu Aufschnaiter hinunter, der zehn Meter unter ihm in der Steilwand klettert.

Einen Fuß im Steigeisen, zieht sich Aufschnaiter auf eine kleine natürliche Plattform, die aus der Felswand vorspringt.

Plötzlich prasselt von oben ein Steinschlag herunter. Harrer warnt von seinem Grat aus Aufschnaiter, in dessen Richtung der Steinschlag heruntergeht.

HARRER
Steine!

Aufschnaiter verliert den Halt – und stürzt im selben Moment. Dann wird der Fall abgefangen, und er baumelt unterhalb der Wand in der Luft. Nur das Seil, mit dem Harrer ihn sichert, verhindert, daß er Hunderte von Metern in die Tiefe stürzt.

Harrer auf dem Felsgrat verzerrt das Gesicht vor Schmerzen, als er zur besseren Sicherung in die Hocke geht und das Seil mit beiden Händen fest umklammert. Ein stechender Schmerz durchfährt in Wogen sein verletztes Bein, durch die Anstrengung schießt das Blut aus der Wunde. In panischem Schrecken blickt er hinunter zu Aufschnaiter, der vor einer Felswand baumelt. Mit dem Pickel versucht er verzweifelt, Halt im Fels zu finden.

Auf dem Felsgrat lassen Harrers Kräfte durch den Blutverlust nach. In dem vergeblichen Versuch, die Blutung zu stillen, löst er eine Hand vom Seil und preßt sie auf die Wunde. Auf einen Schlag verliert er sein sicheres Gleichgewicht, sein Griff lockert sich, und sechs Meter Seil rutschen ihm aus der Hand.

Aufschnaiter stürzt voller Entsetzen weiter nach unten. Er nimmt, im spitzen Winkel von dem Felsvorsprung hängend, seine ganze Kraft zusammen und bemüht sich, aus dem Seil eine Fußschlinge zu knüpfen, um sich mit ihrer Hilfe am Seil hochzuhangeln, während Harrer auf dem Felsgrat ihn weiter sichert und den Griff nicht lockert, obwohl er zusehends schwächer wird. Als Aufschnaiter schließlich den Felsgrat erreicht hat, sinkt er zu Boden. Einen Augenblick lang sind beide Männer zu aufgewühlt, um zu reden.

Harrer wickelt sein Seil auf, wird starr, als Aufschnaiter einen prüfenden Blick auf sein blutüberströmtes verletztes Bein wirft.

85

AUFSCHNAITER
Du hättest mir sagen sollen, wie schlimm die Verletzung ist.

Harrer tut so, als sei er völlig mit dem Aufrollen des Seils beschäftigt.

AUFSCHNAITER
Soll ich mir die Wunde ansehen? Ich könnte sie nähen.

HARRER
Das ist nicht dein Problem.

Harrers abweisender Ton verärgert Aufschnaiter.

AUFSCHNAITER
Allerdings ist das mein Problem. Es ist schließlich mein Leben.

HARRER
Was?

AUFSCHNAITER
Wenn mir jemand eine ernste Verletzung verheimlicht und damit mein Leben in Gefahr bringt, halte ich das durchaus für mein Problem.

Harrer schnaubt selbstgerecht und verächtlich.

HARRER
Oh nein, du hast dich selbst in Gefahr gebracht, ich habe dir das Leben gerettet, also halt den Mund.

Harrers Verhalten empört Aufschnaiter, seine Züge verhärten sich.

AUFSCHNAITER
Wenn du mir noch einmal eine Verletzung verschweigst, bist du raus aus dem Team, Heinrich.

PALASTDACH – ABENDDÄMMERUNG

Zwei Mönche in leuchtendroten Gewändern blasen auf langen silbernen Hörnern. Ein tiefer klagender Ton hallt durch das darunterliegende Tal. Die behäbigen Schläge einer Trommel sind zu hören.

PALAST – ABENDDÄMMERUNG

Wie ein Traumgebilde ragt ein mystischer Palast von einem felsigen Berghang auf. Der Palast prangt in dunkelbrauner und weißer Farbe. Er ist vielstöckig und von einem Netz langer, gewundener Treppen umgeben. Menschen in den Straßen werfen sich ehrerbietig vor seiner erhabenen Größe zu Boden.

PALASTDACH – ABENDDÄMMERUNG

Mönche, die riesige Schlüssel am Gürtel tragen, steigen die Treppen zum Dach hinauf und schließen auf ihrem Weg nach oben Türen ab.

DURCHGANG ZUM GROSSEN INNENHOF – PALAST – ABENDDÄMMERUNG

Immer noch sind Trommelschläge zu hören, Mönche schließen Türen vor den letzten Strahlen der Sonne. Im Dunkeln hängen sie mächtige Schlösser vor die Türriegel und verschließen sie mit ihren Schlüsseln.

PALAST – ABENDDÄMMERUNG

Leibwächter mit mächtig ausgepolsterten Schultern halten Wache vor einer Zimmerflucht. Rotgewandete Mönche durchqueren die Gemächer und verneigen sich ehrerbietig.

GEMÄCHER – ABENDDÄMMERUNG

Geisterhaft bewegen wir uns durch einen menschenleeren Vorraum, der mit aufwendigen Wandmalereien ausgeschmückt ist; furchterregende Götterstatuen schimmern im schwindenden Dämmerlicht.

SCHLAFZIMMER – ABENDDÄMMERUNG

Der fünfjährige Dalai Lama liegt hellwach in seinem reich mit Ornamenten verzierten, holzgeschnitzten Bett. Sein Schlafgemach gleicht einer weiträumigen

Krypta; düster, modrig, die altehrwürdigen Wände vom Rauch Hunderter von Butterlampen geschwärzt, die hier seit undenkbaren Zeiten das Dunkel erhellt haben. An den Wänden prangen staubige, aber prachtvolle Wandbehänge – *Thankas* –, in liebevollem Detail ausgearbeitete Darstellungen der Buddhas, Bodhisattvas, Arhats und Dakinis. Unter den Thankas ein Schrein, auf dem kostbare Statuen der fünf Buddhas stehen. Goldene Schalen, die mit Opfergaben gefüllt sind – Wasser, Lotosblüten, Gerste, Räucherwerk. Daneben Früchte und Brot, ebenfalls Opfergaben. Scharen hungriger Mäuse knabbern an Früchten und Brot, huschen auf flinken Füßen wie hektische kleine Derwische durch den Raum.

Der Dalai Lama sieht aus wie ein Gefangener in seinem viel zu großen Bett, er kann vor Angst nicht schlafen. Er geht auf Zehenspitzen zum Fenster, betrachtet sehnsüchtig die Welt dort draußen.

BLICK AUS DEM FENSTER – ABENDDÄMMERUNG
In der Ferne bildet der Himalaja einen schimmernden, dunstweißen Grenzwall gegen Süden.

LAGER SECHS – NACHT
Im orangeroten Schein von Kerosinlampen stehen vier Zelte in einer Reihe, ihr Tuch flattert im Wind.
Harrers Stimme nimmt die Erzählung wieder auf.

> HARRER (aus dem Off)
> 5. August, Lager sechs. Haben ein paar heftige Stürme hinter uns. Meine Kameraden befürchten Lawinenabgänge, darum haben wir uns seit Tagen hier verschanzt.

HARRERS ZELT – ABENDDÄMMERUNG
Harrer schreibt in sein Tagebuch, er fühlt sich gelangweilt und deprimiert.

> HARRER (aus dem Off)
> Aufschnaiter sollte diese Sturmpause nutzen … und ein Höhenlager aufbauen. Aber er ist anderer Meinung … was sonst. Den anderen macht es offensicht-

lich nichts aus, hier herumzusitzen, zu warten, zu hoffen und nichts zu tun. Soviel Zeit, sich selbst Fragen zu stellen ... ist nicht gut.

Er blättert eine Seite des Tagebuchs um, verweilt bei einer eingeklebten Fotografie.

Naheinstellung der Fotografie – Ingrid. Sie bedeckt ihren hochschwangeren Bauch mit den Händen; die Anspannung in ihrem Lächeln ist herzzerreißend.

HARRER (aus dem Off)
Allmählich glaube ich, daß diese ganze Expedition ein Fehler war.

Harrer betrachtet schuldbewußt das Foto, dann klappt er das Tagebuch zu.

LAGER SECHS – MORGENGRAUEN
Sherpas bessern Schneewälle aus, die als unzulänglicher Schutz gegen den tobenden Schneesturm um das winzige Biwaklager errichtet worden sind. Das Camp sieht aus, als herrsche Belagerungszustand.

LAGER SECHS – MORGENGRAUEN
Immer noch tobt der Schneesturm. Ein lautes Bersten ist zu hören, das Echo wird von den Bergen zurückgeworfen, steigert sich zu einem Donnergrollen. Wie ein Mann springen die vier Bergsteiger und die Sherpas aus den Zelten und suchen nach Schutz. In einer dichten Nebelwolke aus Pulverschnee donnert eine gewaltige Lawine den Berg hinunter wie ein außer Kontrolle geratener weißer Güterzug. Sie verfehlt das Biwaklager um Haaresbreite.

LAGER SECHS – TAG
Im Blickfeld die Sherpas, die Ausrüstungen zusammenpacken, das Biwaklager abbrechen. Etwas abseits fechten Harrer und Aufschnaiter einen erbitterten Streit aus. Lobenhoffer und Chicken stehen dabei und hören zu. Die Nerven der Expeditionsmitglieder liegen blank.

AUFSCHNAITER
Wir steigen ab.

HARRER
(deutet auf Lobenhoffer und Chicken)
Wenn die beiden Angst haben, im Sturm zu klettern, sollen sie zum vierten Lager absteigen und dort auf mich warten. Ich schaffe den Gipfel auch allein.
(beschwörend)
Gib dem besten Mann eine Chance, Peter.

CHICKEN
Ich glaube, er will uns damit sagen, daß er der beste Mann ist.

HARRER
Das will nicht viel heißen, da ich mit Amateuren klettere.
(leidenschaftlich)
Ich will diesen Gipfel.

Aufschnaiter verliert die Geduld, er wendet sich den anderen zu, die sich zum Abstieg bereitmachen.

AUFSCHNAITER
Wir machen uns jetzt an den Abstieg. Als Team. Und das ist ein Befehl.

Aufschnaiter gibt den anderen ein Zeichen, ihm zu folgen. Lobenhoffer und Chicken folgen in seiner Spur und beginnen den Abstieg, die Sherpas schließen sich an. Harrer bleibt starrköpfig stehen, wo er ist, bis die anderen längst außer Sicht sind. Dann macht er sich allein an den langen Abstieg.

NANGA PARBAT — TAG
Beim Abstieg der Expeditionsteilnehmer bewegen wir uns mit den Sherpas, die einen tibetischen Sprechgesang intonieren und eine verblaßte Fotografie des kindlichen Dalai Lama durch ihre Reihen gehen lassen. Jeder Sherpa empfängt einen Segen, indem er das Foto an seine Stirn drückt, bevor er es dem nächsten weiterreicht.

Schneeböen erschweren die Sicht. Harrer, ganz allein, bemüht sich, einer Spur von Fußabdrücken zu folgen, die sich rasch mit Schnee füllen.

Er zuckt zusammen, als sich eine Gestalt aus dem weißen Nebel löst. Ein junger Sherpa steht vor ihm und streckt ihm lächelnd das verblaßte Foto des Dalai Lama entgegen. Er will Harrer das Foto auf die Stirn drücken. Harrer wehrt ihn ab.

> SHERPA
> Dalai Lama Bild. Guter Schutz.

> HARRER
> Es hat keine Bedeutung für mich.

Der Sherpa läßt nicht locker, er streicht mit dem Foto über Harrers Stirn und läßt es dann in Harrers Jackentasche gleiten.

> SHERPA
> Dalai Lama. Guter Schutz.

BASISLAGER — TAG

Harrer glaubt seinen Augen nicht zu trauen, als bei seinem Eintreffen im Lager scharenweise Gurkha-Soldaten aus Felsenverstecken hervortreten und ihre Gewehre auf ihn richten. In der Mitte des Lagers drei unglückliche Gestalten: Aufschnaiter, Lobenhoffer und Chicken, mit Handschellen aneinander gefesselt. Gurkhas und britische Soldaten scharen sich um Harrer, ihr Anführer ist ein selbstzufrieden dreinblickender britischer Offizier.

> BRITISCHER OFFIZIER
> Wollen wir hoffen, daß sich Deutschland ebenso schnell aus Polen zurückzieht wie Sie von »Ihrem Berg«, Herr Harrer. Das könnte Ihre Haftzeit verkürzen.

Von dem strapaziösen Abstieg noch benommen, starrt Harrer den Offizier mit offenem Mund an.

HARRER
Was soll das?

BRITISCHER OFFIZIER
Sie stehen unter Arrest.

HARRER
Wie lautet die Anklage? Scheitern des Gipfelsturms?

BRITISCHER OFFIZIER
Ich fürchte nein.

Zwei Gurkhas reißen Harrer die Arme auf den Rücken und legen ihm Handschellen an.

BRITISCHER OFFIZIER
Zwischen der Regierung Ihrer Majestät und Deutschland herrscht Kriegszustand. Alle Angehörigen feindlicher Nationen, die sich auf dem Boden des Britischen Commonwealth befinden, sind Kriegsgefangene.

STRASSE BEI DEHRA DUN — TAG
Zwei Armeelastwagen rumpeln über eine unbefestigte Straße auf ein ausgedehntes Kriegsgefangenenlager zu, das am Fuße der Gebirgskette eingebettet liegt. Es besteht aus sieben großen Lagersektoren, die doppelreihig mit Stacheldraht umzäunt sind. Um das gesamte Lager zieht sich ein weiterer doppelreihiger Stacheldrahtzaun. Überall stehen Gurkha-Patrouillen auf ihren Posten.

LKW-LADEFLÄCHE — TAG
Als sie sich dem bedrohlich wirkenden Lager nähern, wechseln Aufschnaiter, Lobenhoffer und Chicken mutlose Blicke. Harrer wirkt geistesabwesend, nervös, scheint seine Teamkameraden überhaupt nicht zu bemerken. Plötzlich springt er mit verblüffender Behendigkeit auf – schwingt sich über die Seitenplanke des Lastwagens und ist verschwunden.

STRASSE — TAG

Harrer landet so hart auf seinem verletzten Bein, daß die Wunde wieder aufbricht. Er stößt einen unterdrückten Schmerzensschrei aus, rafft mit gefesselten Händen seinen Rucksack auf und rennt los, so schnell er kann.

Der zweite Lastwagen kommt holpernd zum Stehen. Gurkhas springen heraus und haben Harrer schon bald eingeholt.

LKW-LADEFLÄCHE — TAG

Durch die Ritzen zwischen den Seitenplanken sehen Aufschnaiter, Lobenhoffer und Chicken, wie der sich heftig sträubende Harrer von den Gurkhas zum Lastwagen zurückgeschleppt wird.

KRIEGSGEFANGENENLAGER — TAG

Im unerbittlichen Griff der Gurkhas wird Harrer zu dem von vier Posten bewachten Eingang gezerrt.

Harrer nimmt die Erzählung wieder auf.

> HARRER (aus dem Off)
> 15. Oktober 1939. Bei meiner Ankunft im Gefangenenlager lege ich vor mir selbst ein Versprechen ab …

Jeder Schritt in das Lager stürzt Harrer in noch tiefere Verzweiflung. Dann leuchten seine Augen auf, er sieht etwas, das seine Stimmung hebt. Er hält den Blick unverwandt auf den Himalaja geheftet: Die Berge bilden im Norden einen weißgesäumten schroffen Felsengrat.

> HARRER (aus dem Off)
> Vor der Sommersonnenwende des nächsten Jahres werde ich neben Ingrid liegen. Die Berge sind direkt vor uns. Es wird ein leichtes sein, zu entkommen und darin zu verschwinden.

EBENE IN DER NÄHE DES GEFANGENENLAGERS — NACHT

Eingeblendet: 2. Oktober 1940.

Harrer rennt keuchend durch die Dunkelheit. Plötzlich schrillen Sirenen. Aus allen Richtungen donnern Gewehrsalven los. Harrer hechtet in einen Graben, während Suchscheinwerfer ihre Lichtkegel durch die Dunkelheit schicken.

GEFANGENENLAGER – NACHT

Deutsche und italienische Kriegsgefangene sind am Stacheldrahtzaun zusammengelaufen und beobachten staunend, wie ein zerschundener und verdreckter Harrer von Gurkhas ins Lager zurückgeschleppt wird. Wütend stößt er einen seiner Bewacher von sich, der ihn grob anfaßt.

Harrer nimmt seine Erzählung wieder auf.

> HARRER (aus dem Off)
> Mein vierter Fluchtversuch bringt mich meinem Ziel kein Stück näher.

94

Als Harrer von den Gurkhas zu einer abseits stehenden Einzelzelle gebracht wird, begrüßen ihn seine Mitgefangenen mit aufmunterndem Geschrei.

> HARRER (aus dem Off)
> Alles, wozu ich es gebracht habe, ist ein etwas zweifelhafter Ruhm unter den Gefangenen.

Ein Häftling ruft Harrer etwas zu.

> HÄFTLING
> Wie weit bist du diesmal gekommen?

> HARRER
> Nicht weit genug, wie man sieht.

EINZELZELLE – NACHT

Ein bewaffneter Wachposten patrouilliert vor einer kleinen, fensterlosen Baracke.

EINZELZELLE – NACHT

Harrer sitzt unter einer nackten Glühbirne, er atmet tief durch, um sich zu beruhigen, und konzentriert sich auf einen Gegenstand, den er in den Händen hält. Naheinstellung: Es ist sein Tagebuch, aufgeschlagen eine Kalenderseite, auf der die Tage abgehakt sind. Die abgehakten Tage füllen eine Seite, sie machen ein ganzes Jahr aus, von Oktober 1939 bis Oktober 1940.
Harrer nimmt einen Bleistiftstummel, blättert eine Seite des Tagebuchs um und bleibt an den drei Worten hängen, die er auf der mit Oktober 1939 markierten Seite vor einem Jahr geschrieben hat. Sie lauten: »Meine liebste Ingrid ...«
Harrer zückt den Bleistiftstummel und setzt zum Schreiben an, dann zögert er. Er weiß nicht recht, was er schreiben soll.
Harrer nimmt seine Erzählung wieder auf.

> HARRER (aus dem Off)
> Wenn meine Hand nur ausdrücken könnte, was sich in meinem Herzen bewegt.

HÄFTLINGSBARACKE – TAG

Naheinstellung: Briefe, die an Personen in Deutschland, Österreich und Italien adressiert sind. Ein weiterer Winkel zeigt Aufschnaiter, der auf seiner Pritsche sitzt und die Briefe durchsieht. Stürmischer Monsunwind rüttelt an den Baracken. Aufschnaiter legt die Briefe beiseite und schreibt etwas in ein Notizbuch. In der Nähe liegt Lobenhoffer auf seiner Pritsche und liest in einem Buch. Chicken spielt Karten mit zwei italienischen Gefangenen.

Nach einer Weile tritt Harrer zögernd an die Pritschen der Männer. Er windet sich verlegen, bevor er das Wort an Aufschnaiter richtet.

> HARRER
> Ich habe gehört, die Wärter geben Briefe für dich auf.

Aufschnaiter nickt. Harrer zieht einen Brief hervor, hält ihn Aufschnaiter hin.

HARRER
Könntest du ihnen den hier geben?

Naheinstellung des Briefes: Er ist an Ingrid Harrer in Österreich adressiert. Aufschnaiter nickt, legt ihn wortlos auf den Stapel anderer Briefe und wirft den Männern auf ihren Pritschen einen Blick zu. Harrer hat das Gefühl, nicht willkommen
zu sein, und schickt sich zum Gehen. Hastig ergreift Lobenhoffer das Wort.

LOBENHOFFER
He, Heinrich, hast du das Buch hier gelesen? Es war an dich verliehen.

Harrer wirft einen flüchtigen Blick auf das Buch in Lobenhoffers Hand.

HARRER
Nein.

LOBENHOFFER
(flüstert verschwörerisch)
Wir müssen unbedingt mit dir reden.

HARRER
Worüber?

Lobenhoffer greift in das Buch und klappt eine Landkarte aus. Naheinstellung der
Landkarte: Sie zeigt Indien, Tibet und China, mit roter Tinte sind Routen mar-
kiert. Chicken und seine italienischen Mitspieler erheben sich von ihren Matrat-
zen. Darunter sind Pappkartons. Naheinstellung der Pappkartons: Sie sind gefüllt
mit Lebensmitteldosen und Reistüten. Naheinstellung eines Kartons mit Toilet-
tenpapier: Zwischen den einzelnen Blättern stecken Fünf- und Zehn-Rupien-
Scheine. Harrer muß unwillkürlich lächeln.

HARRER
Ziemlich beeindruckend. Wann brecht ihr aus?

LOBENHOFFER
Wenn die Monsunzeit vorbei ist. Und du?

Harrer zuckt ausweichend die Achseln, er möchte nicht zuviel verraten. Aufmerksam studiert er die Landkarte, auf der ein Fluchtweg über den Himalaja nach Tibet und dann nach China eingezeichnet ist.

HARRER
Wie ich sehe, habt ihr meine Route gewählt. Über Tibet.
(zögert einen Moment)
Tja. Viel Glück.

CHICKEN
Willst du mit uns kommen?

HARRER
(verblüfft)
Warum?

CHICKEN
Na, du bist schließlich der Ausbruchexperte hier.

LOBENHOFFER
Wir könnten von deinen Erfahrungen profitieren ...

Wütend unterbricht ihn Aufschnaiter.

AUFSCHNAITER
Hört bitte auf mit diesem widerlichen Theater.
(zögert einen Moment)
Nach jedem deiner Fluchtversuche werden die Wachen verdoppelt und verdreifacht, Heinrich. Das macht uns anderen das Leben ziemlich schwer.

Es entsteht eine Pause, in der Harrer das Gehörte in sich aufnimmt. Dann zuckt er ungerührt die Achseln.

HARRER
Ich gehe lieber allein. Aber danke, daß ihr an mich gedacht habt.

HOF DES GEFANGENENLAGERS — TAG

Im strömenden Monsunregen absolviert Harrer, ohne sich um den Regenguß zu kümmern, ein erbarmungsloses Trainingsprogramm.

HÄFTLINGSSPEISESAAL — TAG

An langen Tischen sitzen Hunderte von Häftlingen und löffeln Schleimsuppe. Harrer sitzt etwas abseits und ißt schnell, ohne ein einziges Mal aufzublicken. Aufschnaiter legt im Vorbeigehen etwas neben Harrers Teller.

AUFSCHNAITER
Der Postbote war da.

Harrer wirft einen Blick auf einen dicken Briefumschlag, der an einen Wärter des Gefangenenlagers adressiert ist. Von Ingrid Harrer in Österreich. Aufgewühlt greift Harrer nach dem Umschlag. Er dreht sich um und will Aufschnaiter danken. Aber der sitzt bereits an einem anderen Tisch bei Chicken und Lobenhoffer.

HÄFTLINGSBARACKE — TAG

Harrer läßt sich auf seine Pritsche fallen. Öffnet den Umschlag und zieht einen Stapel Papiere heraus. Ein Brief flattert zu Boden. Während er die Papiere durchblättert, weicht seine Ungeduld erst einem Gefühl der Verwirrung, dann der Verzweiflung. Naheinstellung der Papiere: Es sind Scheidungsdokumente, ausgestellt von einem österreichischen Anwalt.
Harrer beugt sich herunter und hebt den Brief vom Boden auf. Liest ihn.

INGRID (aus dem Off)
Lieber Heinrich, bitte unterschreib die beigefügten Scheidungsunterlagen und schick sie an meinen Anwalt. Horst und ich beabsichtigen zu heiraten, sobald die Scheidung rechtskräftig ist. Zu deinem Brief, ja, dein Sohn Rolf Harrer ist geboren, während du auf dem Berg herumgestiegen bist. Er ist jetzt zwei Jahre alt und sagt »Papa« zu Horst. Wenn er alt genug ist, werde ich ihm sagen, daß sein richtiger Vater im Himalaja verschollen ist. Das scheint mir das Schonendste zu sein, angesichts der Tatsache, daß du das Kind ohnehin nie wolltest. Es erübrigt sich zu sagen, daß ich nicht die geringste Absicht habe, »un-

sere Differenzen zu klären«, wie du vorschlägst. Sie haben sich in dem Augenblick geklärt, als du Österreich verlassen hast. Es tut mir leid, daß man dich in Indien inhaftiert hat, und ich hoffe für uns alle, daß dieser furchtbare Krieg bald zu Ende ist. Ingrid.

GEFANGENENLAGER — TAG

Es regnet immer noch in Strömen. Harrer tritt aus der Baracke und wandert im Kreis um den Hof. Er bleibt stehen, lehnt sich gegen den Stacheldrahtzaun, hält sich daran fest. Es dauert eine Weile, bis ihm bewußt wird, daß er den Draht so krampfhaft umklammert hat, daß seine Hände bluten. Wie aus einer tiefen Trance erwachend, tritt er einen Schritt zurück. Starrt den Zaun an. Dann holt er weit aus und tritt mit aller Kraft danach — fluchend rammt er immer wieder seinen Stiefel in den Stacheldraht und hört erst auf damit, als er vollkommen ausgepumpt ist.

HÄFTLINGSBARACKE — NACHT

Unaufhörlich prasselt der Regen auf die Blechbaracken, das Geräusch hält die meisten Häftlinge wach. Aufschnaiter, Chicken und Lobenhoffer liegen auf ihren Pritschen und unterhalten sich im Flüsterton. Nicht weit von ihnen liegt Harrer leblos wie ein Zombie auf seiner Pritsche. Vollkommen mutlos schließt er die Augen.

HÄFTLINGSBARACKE — MORGEN

Harrer erwacht aus tiefem Schlaf. Es dauert eine Weile, bis ihm bewußt wird, daß es draußen still ist. Kein Regengeräusch. Er sieht sich um. Die Pritschen von Aufschnaiter, Chicken und Lobenhoffer sind leer. Er wirft einen Blick zum Barackenausgang und sieht, wie die drei Deutschen und zwei Italiener zur Tür hinausschleichen. Harrer bleibt noch eine Weile reglos liegen. Dann springt er mit einem Satz auf, schnappt sich seinen Rucksack und rennt zur Tür.

BARACKEN — MORGEN

Aufschnaiter, Lobenhoffer und die beiden Italiener befinden sich bereits jenseits eines langen Stacheldrahtzauns, der ihren Lagerbereich von einem anderen Sektor trennt. Chicken schlüpft durch ein Loch im Zaun und schiebt hinter sich den beschädigten Stacheldraht wieder an seinen Platz. Die fünf Männer verschwinden in einer Baracke. Sekunden später ist Harrer am Stacheldrahtzaun. Er zieht den beschädigten Draht zur Seite und windet sich durch das Loch in den angrenzenden Lagersektor.

BARACKE — TAG

Aufschnaiter, Chicken, Lobenhoffer und die beiden Italiener ziehen sich hastig aus. Aufschnaiter öffnet eine Büchse mit Schuhcreme und taucht gerade einen Lappen hinein, als die Tür aufgeht. Die fünf Männer schrecken auf und sehen Harrer, der zur Tür hereinschlüpft.

> HARRER
> Ich komme mit euch.

> AUFSCHNAITER
> Oh.

Harrer macht einen so niedergeschlagenen Eindruck, daß Aufschnaiter Mitleid mit ihm hat. Wirft ihm ein Kleidungsstück zu. Harrer fängt es auf und erkennt plötzlich, wie die Flucht vonstatten gehen soll. Besserwisserisch wie immer, schüttelt er den Kopf.

> HARRER
> Meiner bescheidenen Ansicht nach funktioniert das niemals …

> AUFSCHNAITER
> Da du ja so bescheiden bist, verzichten wir gern auf deine Meinung.

HAUPTTOR — TAG

Wachposten stehen an dem Tor, das durch eine weitere Stacheldrahtumzäunung vom gesamten übrigen Lagerkomplex getrennt ist.

STACHELDRAHTZAUN — TAG

Als indische Reparaturmannschaft getarnt, nähern sich Harrer und seine drei Teamkameraden vorsichtig dem Stacheldrahtzaun; sie sind in weiße Dhotis gekleidet, haben Turbane um den Kopf gewickelt und sich das Gesicht mit Schuhcreme

101

dunkel gefärbt. Die beiden Italiener tragen englische Offiziersuniformen. Harrer macht fast den Eindruck, als sei es ihm peinlich, sich auf so unwürdige Art davonzustehlen. Während das Grüppchen zu einem Loch im Zaun schleicht, schüttelt er unaufhörlich den Kopf. Einer nach dem anderen schlüpfen sie in den Lagersektor hinüber, der zum Haupttor führt.

HAUPTTOR — TAG

Von ihrem Standort aus sind es noch knapp dreihundert Meter bis zum Tor. Gemeinsam marschieren sie gemessenen Schritts auf das Tor zu. Die »englischen Offiziere« haben Blaupausen unter den Arm geklemmt und schwingen ihre Offiziersstöckchen. Die »Inder« schleppen dicke Stacheldrahtrollen und Teertöpfe.

Sie passieren einen Gurkha, der ihnen keinerlei Beachtung schenkt. Harrer ist völlig perplex, daß sie so unbehelligt über den Lagerhof spazieren können. Wenige Meter vor dem Tor überholt ein Hauptfeldwebel das Grüppchen auf seinem Fahrrad. Rasch wenden die »Offiziere« das Gesicht ab und inspizieren eifrig ein Stück Stacheldraht in der Nähe des Tors. Die »Inder« tun so, als seien sie eingehend mit ihren Teertöpfen beschäftigt. Alle halten den Atem an, als der Hauptfeldwebel einmal um sie herum fährt. Dann tritt er in die Pedale, fährt zu den Wachposten am Tor hinüber und wechselt ein paar Worte mit ihnen. Kurze Zeit später radelt er davon. Aufschnaiter nickt den anderen zu, ihm zu folgen. Gemeinsam setzen sie ihren Weg fort.

Harrer im Schlepptau, nähert sich das Grüppchen dem Tor. Die Wachposten unterhalten sich leise miteinander. Aufs äußerste angespannt, haben die sechs Männer die Wachposten erreicht – die immer noch in ihr Gespräch vertieft sind. Hastig wenden sie sich jetzt den Ankömmlingen zu. Der kurze Augenblick der Überprüfung zieht sich schier unerträglich in die Länge, dann salutieren die Wachposten, denen es sichtlich unangenehm ist, bei einer Unachtsamkeit ertappt worden zu sein, förmlich vor den »englischen Offizieren«.

In Zweierreihe marschieren die Gefangenen durch das Tor. Harrer läßt das Lagergelände als letzter hinter sich. Als er in die Freiheit hinaustritt, zögert er einen Augenblick, wartet darauf, daß der Vorhang fällt. Nichts passiert. Er scheint verblüfft zu sein, daß die Flucht so einfach war. Weiter vorn dreht sich Aufschnaiter um und wirft Harrer einen triumphierenden Blick zu.

STRÄUCHER AM FUSS DES GEBIRGES — TAG

Die Männer haben das Gefangenenlager in sicherer Entfernung hinter sich gelassen. Im Schutz des Gebüschs streifen sie ihre Verkleidung ab. Darunter tragen sie Khakianzüge und haben Tornister auf den Rücken geschnallt. Sie verstecken ihre Kostümierung im Unterholz. Harrer ist als erster fertig.

> HARRER
> Ich gehe allein weiter.

Damit macht Harrer auf dem Absatz kehrt und rennt los, die anderen starren ihm in bestürztem Schweigen nach. Während er im Gestrüpp verschwindet, heulen in der Ebene unter ihnen die Lagersirenen los. Die Männer teilen sich in zwei Gruppen auf und jagen in halsbrecherischem Tempo davon.

DSCHAMNA- UND AGLARTAL — KURZ VOR EINBRUCH DER NACHT

Harrer rennt, ohne ein einziges Mal den Schritt zu verlangsamen, am Ufer des Dschamna entlang, wo die Vegetation allmählich in Dschungel übergeht. Er erreicht den Aglar, einen kleineren Nebenfluß.
Bildsequenz: Harrer durchwatet den Aglar ... erreicht das andere Ufer ... läuft, bis ihm Felsen und Dschungelvegetation den Weg versperren ... springt wieder in den Fluß ... watet auf die andere Seite hinüber ...

AGLARTAL — ABENDDÄMMERUNG

Zerschrammt und zerschunden schlägt Harrer zwischen Geröllblöcken im Flußbett sein Lager auf. Inspiziert seinen schmerzenden Fuß: Die Sohlen seiner Tennisschuhe sind durchgelaufen.
Er holt sein Tagebuch aus dem Rucksack und macht sich Notizen über die Beschaffenheit des Geländes und die Strecke, die er bisher zurückgelegt hat. Blättert eine Seite um und hält im Schreiben inne. Etwas auf dieser Seite stimmt ihn nachdenklich.
Er berichtet, was auf der Seite steht.

HARRER (aus dem Off)
Erste Flucht aus dem Gefangenenlager … 18. November 1939 … Rolf Harrer
dreieinhalb Monate alt.
(zögert einen Moment)
Mein dreißigster Geburtstag, 6. Juli 1941 … Rolf Harrer … genau ein Jahr, elf
Monate und sechsundzwanzig Tage alt … Letzte Flucht aus Dehra Dun …
Rolf Harrer …

Wir hören die leisen Klänge eines Wiegenliedes.

RAUM IM POTALA – TAG
Dasselbe Wiegenlied ist zu hören. Der jetzt achtjährige Dalai Lama hat das Ohr
dicht an seine Spieldose gedrückt und lauscht verzückt den Klängen der Musik.
Eine Hand greift nach der Spieldose und schließt den Deckel. Das Kind versucht,
sich seine Enttäuschung nicht anmerken zu lassen, als ihm Ling Rimpoche, einer
seiner Lehrer, die Spieldose wegnimmt. Ling Rimpoche sieht aus wie ein großer
tibetischer Teddybär. Der zweite Lehrer des Dalai Lama, der sehnige, streng blik-
kende Trijang Rimpoche, betritt den Raum in Begleitung eines älteren Mönchs,
des Gewandmeisters. Der Gewandmeister bringt ein goldseidenes Zeremoniengewand für den Dalai Lama. Tief hallende Hörnerklänge sind zu hören.

POTALA – TAG
In einem riesigen Innenhof formt sich eine Prozession. Eine gelbe Sänfte wird von
Lamas geweiht; Mönche halten große gelbe Sonnenschirme über bleiche, in pelz-
besetzte Brokatgewänder gekleidete Adlige.
Die Gye Ok genannten Mönche der Leibgarde, wahre Riesen an Gestalt, drängen
eine Menschenmenge zurück. Die Gye Oks tragen wattierte Gewänder und
schwingen lange Stöcke. Bei einer Gruppe von Pferden, die mit edelsteinbesetzten
Schabracken geschmückt sind, stehen die Eltern des Dalai Lama, neben ihnen der
Regent, Tathag Rimpoche. Tathag ist ein strenger Mann Anfang Sechzig, der nicht
mit Kritik geizt und gelegentlich zu wortgewaltigen Ausbrüchen neigt. Als junge
Mönche in lange Silberhörner blasen, wenden sich die Eltern des Dalai Lama
– und mit ihnen alle im Hof Anwesenden – einem tuchverhangenen Toreingang

zu. Die Menge verstummt. Im Gefolge von zehn Männern der Leibgarde, von seinen zwei Privatlehrern flankiert, wird der Dalai Lama in seinem goldseidenen Zeremoniengewand in den Hof hinausgeführt. Auf dem Weg zur Sänfte geht er an seinen Eltern vorbei, die in ihrer Verneigung verharren. Der Dalai Lama segnet seine Mutter, indem er ihr leicht die Hand auf den Kopf legt. Sie wagt nicht den Blick zu heben und ihm in die Augen zu sehen. Die Gye Oks führen nun den Dalai Lama zu seiner gelben Sänfte und heben ihn hinein. Sobald er darin sitzt, wird ein Vorhang zugezogen.

Seine Mutter blickt zur Sänfte hinüber, aber sie kann ihren Sohn hinter dem Vorhang nicht sehen.

AUF DEM LAND – TAG

Die Prozession der Mönche und berittenen Adligen, welche die vom Regenten, von den Privatlehrern und den Eltern des Dalai Lama angeführte Sänfte begleiten, bewegt sich in zügigem Tempo über eine unbefestigte, von Menschen gesäumte

Straße. Die Tibeter am Straßenrand verneigen sich vor der vorüberziehenden Sänfte und werfen sich ehrerbietig zu Boden.

Naheinstellung der Sänfte: Eine Kinderhand zieht den Vorhang einen winzigen Spalt zur Seite. Der Dalai Lama lugt in eine Welt hinaus, die ihm nicht in die Augen schauen darf.

UTTAR KASCHI – NACHT

In tiefer Nacht erreicht Harrer, taumelnd vor Erschöpfung, eine alte, in die felsige Landschaft eines Gebirgshangs hineingebaute Tempelstadt. Schwacher Kerzenschein dringt aus den Tempeln in ein Labyrinth schmaler Gäßchen. Harrer springt in letzter Sekunde in den Schatten, um nicht von einer Gruppe von Priestern entdeckt zu werden; als ihm aus einem anderen Gäßchen Menschen entgegenkommen, schlüpft er hastig in einen der Tempel.

KALITEMPEL — NACHT

In der Mitte des Tempels befindet sich ein Altar mit einer glotzenden, blutbefleckten Kalistatue. Vor ihr sind Opfergaben aufgehäuft: Blumen, Sindoorpulver, Früchte, Räucherwerk und Wasserschalen, am Fuße der Statue liegt ein totes Huhn. Völlig ausgehungert und fast am Verdursten, trinkt Harrer das Wasser in tiefen Zügen und schlingt Reis aus den Opferschalen in sich hinein. Stopft eine Handvoll Münzen in seine Tasche. Nimmt das Huhn vom Altar. Als er sich gerade zum Gehen wendet, betreten einige Hindus den Tempel. Er rennt an den Leuten vorbei, laut schreiend wie ein Dämon, um sie zu erschrecken.

GEBIRGSLANDSCHAFT — NACHT

Der Vollmond steht senkrecht am Himmel, sein silbriger Schein fällt auf eine schattenhafte Gestalt, die einsam durch das Gebirge streift. Als sie sich einer Gruppe mächtiger Felsblöcke nähert, bleibt die Gestalt kurz stehen, schleicht auf Zehenspitzen darauf zu und blickt vorsichtig hinter die Felsen: Die Reste eines Lagerfeuers glimmen dort noch. Um das Feuer herum liegen Hühnerknochen verstreut. Harrer hockt in der Nähe auf Händen und Knien am Boden und erbricht die letzten Reste des verdorbenen Fleischs. Als er das Rascheln der Schritte hört, gerät er in Panik und robbt schmerzgekrümmt zu einem Felsen hin. Eine kleine Blechdose fällt vor ihm auf die Erde. Verblüfft streckt er die Hand nach der Dose aus. Noch erstaunter ist er, als er feststellt, daß es eine Packung Magnesiumtabletten ist. Er hebt den Kopf, und als sich die Gestalt aus dem Schatten der Felsen löst, erkennt er, daß Peter Aufschnaiter vor ihm steht. Aufschnaiter ist, ebenso wie Harrer, schmutzverkrustet und völlig abgemagert.

AUFSCHNAITER
Nimm zwei davon und schlaf dich gesund. Ich schicke dir morgen die Rechnung.

HARRER
(stöhnt auf)
Was machst du denn hier?

107

AUFSCHNAITER
Du hast mir so gefehlt, Heinrich, da dachte ich, ich schaue mal vorbei.

Harrer fällt, von Übelkeit geschüttelt, zu Boden.

HARRER
Wo sind die anderen?

AUFSCHNAITER
Die Italiener haben sie kurz vor Nelang erwischt. Lutz und Hans wurden krank und mußten umkehren.

Harrer schluckt zwei Magnesiumtabletten. Schwach kämpft er gegen die aufsteigende Übelkeit an.

HARRER
Das tut mir leid.

AUFSCHNAITER
Ich weiß, es bricht dir das Herz.
(völlig erschöpft)
Dürfte ich deine Großherzigkeit in Anspruch nehmen und heute nacht dein Lager teilen?

HARRER
Bitte … fühl dich wie zu Hause.

AUFSCHNAITER
Sehr gnädig von dir.

Aufschnaiter breitet eine zerlumpte Decke aus und rollt sich darin ein.

LAGERSTÄTTE – MORGEN
Als Harrer aufwacht, schüttet Aufschnaiter gerade Getreideflocken in eine Schüssel und gibt Wasser und Zucker dazu. Dann holt er ein Stück Dörrfleisch aus seinem Rucksack.

HARRER
Was hast du sonst noch da drin? Eine Big Band?

Ohne etwas zu erwidern, ißt Aufschnaiter hungrig sein Frühstück. Harrer findet einen ranzigen, zerbröckelten Keks in seinem Gepäck. Er knabbert daran herum und schielt dabei begehrlich nach Aufschnaiters Frühstück. Eine Weile essen sie schweigend.

AUFSCHNAITER
Vielleicht interessiert es dich … Ich habe gehört, daß sich die Japaner bis nach Shanghai zurückgezogen haben. Selbst wenn du es bis zur chinesischen Grenze schaffst, holst du sie möglicherweise nicht ein.

HARRER
Interessiert mich nicht, und wenn sie bis nach Tokio zurückgeschlagen werden.

AUFSCHNAITER
Sollte es aber, wenn du vorhast, nach Österreich zurückzukehren.

HARRER
Das habe ich nicht vor.

AUFSCHNAITER
Du hast was nicht vor?

HARRER
Zurückzukehren … »nach Hause«.

AUFSCHNAITER
Wieso nicht?

HARRER
Kein besonderer Grund.
(betont gleichgültig)
Aber wenn du zurückkommst, kannst du meiner Frau sagen, daß zwei Jahre im Gefängnis ungefähr so waren wie vier Jahre Ehe. Und daß ich froh bin, beidem entkommen zu sein.

Seine Verbitterung macht Aufschnaiter nachdenklich; er zögert einen Moment, bevor er etwas erwidert.

AUFSCHNAITER
Ich gehe auch nicht zurück. Zumindest nicht, bevor dieser schändliche Krieg vorbei ist.

Jetzt ist es an Harrer, sich zu wundern.

HARRER
Wohin willst du gehen?

AUFSCHNAITER
Tibet. Dann weiter nach China. Ich werde versuchen, in Peking Arbeit zu finden.
(zögernd)
Was ist mit dir?

Harrer zuckt die Achseln – er hat sich noch keine Gedanken über sein Ziel gemacht. Mit gespielter Gleichgültigkeit mustert er verstohlen die üppigen Nahrungsvorräte, die Aufschnaiter bei sich hat.

HARRER
Nach meiner Berechnung sind es zweitausendachtundfünfzig Kilometer bis zur chinesischen Grenze. Und bis zur tibetischen Grenze sind es noch achtundsechzig Kilometer.
(deutet mit einem Kopfschütteln auf Aufschnaiters Gepäck)
Das ist ein weiter Weg. Du kämest schneller voran, wenn wir das Gepäck da zu zweit tragen.

Aufschnaiter, dem völlig klar ist, worauf Harrer hinaus will, kichert amüsiert in sich hinein.

AUFSCHNAITER
Es sind lauter Lebensmittel drin.
(grinsend)
Meine.

HARRER
Das versteht sich von selbst.

Es entsteht ein kurzes Schweigen, Harrer setzt eine zurückhaltende und pessimistische Miene auf.

HARRER
Die Berge vor uns sind unangenehm. Wir müssen über einige Gletscher, und wenn wir eine Seilschaft bilden, bleiben wir am Leben.

AUFSCHNAITER
Wenn ich an die Vorstellung denke, die du in unserer letzten Seilschaft gegeben hast, halte ich es ohne dich für ungefährlicher.

Mit einem dünnen Lächeln steht Harrer auf und schickt sich zum Gehen an.

AUFSCHNAITER
Aber ich glaube, du hast die Entfernung zur tibetischen Grenze falsch berechnet. Nach meiner Berechnung sind es fünfundsechzig Kilometer.

Harrer, der nicht merkt, daß Aufschnaiter ihm mit seiner Bemerkung einen Köder hingeworfen hat, grinst selbstzufrieden.

HARRER
Würdest du ein Kilo Proviant darauf wetten?

AUFSCHNAITER
(kann der Versuchung nicht widerstehen)
Du hast nichts als ein paar ranzige Kekse, Heinrich.

Harrer, endlich wieder in seiner gewohnten Arroganz, verschränkt die Arme vor der Brust.

HARRER
Das stimmt. Aber ich habe recht. Und ich werde gewinnen.

GEBIRGE – ABENDDÄMMERUNG

In der Ferne sehen wir die zwei Männer, die jetzt die Baumgrenze erreichen; karg bewachsenes Waldgebiet hinter sich lassend, bewegen sie sich in einem Gelände, das einer kahlen Mondlandschaft gleicht … Nähere Einstellung von Harrer und Aufschnaiter: Weiter oben auf dem Berg passieren sie inmitten der trostlosen Ödnis eine verlassene Lagerstelle mit feuergeschwärzten Steinen … im Umkreis um die Feuerstelle sind größere Steine aufgestellt, auf deren Seitenflächen das Mantra »OM MANI PADME HUM« aufgemalt ist … Der Boden unter ihnen gibt ein Grollen von sich, und der Wind heult klagend wie ein lebendiges Wesen; ein Gefühl der Ehrfurcht und Erregung ergreift immer stärker von den beiden Männern Besitz, je weiter sie in diese unbekannte Welt vordringen.

GEBIRGSPFAD – TAG

Als sie sich einem Gipfelpaß nähern, hören sie deutlich Rufe in gutturalen asiatischen Lauten.

STIMMEN (aus dem Off)
(in tibetischer Sprache)
Die Götter sind siegreich!

Die beiden Männer blicken sich nach allen Seiten um, sehen aber niemanden. Sie gehen weiter. In weiter Ferne machen sie schließlich vor sich eine kleine Karawane tibetischer Nomaden aus, die ihnen mit einer Schafherde entgegenkommen. Die beiden Männer setzen ihren Aufstieg fort … Nach einer Weile befinden sie sich auf gleicher Höhe mit den Nomaden. Schräge, mißtrauische braune Augen starren ihnen aus staubgrauen Gesichtern böse entgegen. Verfilztes Haar, das in Zöpfen bis auf die Taille fällt, darin eingeflochten Türkis- und Korallenketten. Einige der Nomaden lassen Gebetsmühlen kreisen oder drehen *malas* – Rosenkränze – zwischen den Fingern.

HARRER
(in bescheidenem Ton)
Hallo.

Mit finsteren Blicken heben die Nomaden zwei Finger über den Kopf – das Zeichen für Teufelshörner. Sie stoßen ein lautes Zischen aus, um die bösen Geister zu vertreiben.

NOMADEN
(in tibetischer Sprache)
Teufel.

Harrer und Aufschnaiter rennen stolpernd und rutschend, so schnell sie können, den Weg hinauf.

TSANGTSCHOKLA-PASS – TAG
Zu Hunderten flattern verblichene rote, gelbe, blaue und grüne Gebetsfahnen im Wind. In 5300 Meter Höhe stehen sie am Tor nach Tibet. Aufschnaiter zeigt auf das weite Plateau, das sich unter ihnen ausdehnt.

AUFSCHNAITER
Da ist es. Tibet.

Harrer stellt eifrige Berechnungen in seinem Notizbuch an.

HARRER
Genau achtundsechzig Kilometer übrigens.

AUFSCHNAITER
Gratuliere. Bedauerlicherweise hast du deinen Gewinn schon aufgegessen.

TIBETISCHES TAL – TAG
Das Tal ist von überhängenden Felswänden begrenzt. Die Landschaft ist kahl und trostlos: Eintöniges Braun vor einem strahlend blauen Himmel. Weißgetünchte *stupas* – Reliquienschreine – sind in die Felsen hinein gebaut, so daß der Berghang wie eine von übernatürlicher Hand geschaffene Skulptur wirkt. Harrer und Aufschnaiter kommen auf einem steilen Gebirgspfad nur mühsam voran.
Vor diesem Bild hören wir Harrers Erzählung.

HARRER (aus dem Off)
Tibet ... »das Dach der Welt«. Uns ist, als hätten wir eine mittelalterliche Felsenfestung erklommen ... die sich über dem Herzen Asiens erhebt. Es ist das höchstgelegene Land der Erde und vollkommen von der Außenwelt abgeschnitten.

TIBETISCHES TAL – TAG
Während sie auf einer staubigen Straße dahintrotten, hören Harrer und Aufschnaiter Schellengeklingel. Zwei Männer auf kleinen Pferden, deren Zaumzeug mit Glöckchen behangen ist, kommen ihnen entgegen. So klein wie die Pferde sind auch die Männer, die sie reiten; ihre bestickten Brokatgewänder und pelzbesetzten Hüte tragen dazu bei, daß das Ensemble fast wie ein Spielzeug wirkt. Die beiden Reiter zügeln ihre Pferde, und Harrer wendet sich flüsternd an Aufschnaiter.

HARRER
Wenn man ihre Sprache nicht spricht, ist es das beste, man lächelt und sagt ja.

Aufschnaiter nickt bedächtig, dann wendet er sich den Männern zu. Und spricht sie in fehlerfreiem Tibetisch an.

AUFSCHNAITER
(in tibetischer Sprache)
Wir kommen aus Indien.

Mit offenem Mund sieht Harrer ihn an. Aufschnaiter genießt insgeheim seinen Triumph und lächelt.

AUFSCHNAITER
Erstaunlich, was man im Gefängnis alles lernt, was?

Die beiden Tibeter wechseln murmelnd ein paar Worte, dann deuten sie auf die Berge.

ERSTER MANN
(in tibetischer Sprache)
Geht zurück. Sofort.

114

ZWEITER MANN
(in tibetischer Sprache)
Fremde dürfen Tibet nicht betreten.

Auf ihren Pferden hockend, versperren die beiden den Weg. Harrer bedeutet Aufschnaiter, ihm zu folgen, und marschiert dann hocherhobenen Hauptes an den Männern vorbei, ohne sie eines Blickes zu würdigen. Die Männer treiben ihre Pferde mit den Fersen an, worauf diese ein paar Meter trotten und ein Stück weiter vorn den Weg versperren.

ERSTER MANN
(in tibetischer Sprache)
Zurück … zurück … ohne Erlaubnis dürfen Fremde nicht ins Land.

Harrer verdreht die Augen und stellt sich vor den Mann und sein Pony. Ohne weiteres Federlesen schiebt er Pferd und Reiter beiseite. Dann marschiert er zum zweiten Reiter und schiebt auch dessen Pferd aus dem Weg. Zutiefst beleidigt und in ihrer Ehre gekränkt, machen die beiden Männer kehrt und galoppieren davon. Harrer dreht sich zu Aufschnaiter um.

HARRER
Übersetzung überflüssig.

DORF – TAG
Als sie sich einem kleinen Dorf nähern, erblicken Harrer und Aufschnaiter eine Schar Dorfbewohner, die zur Begrüßung auf der Straße zusammenlaufen und den Zugang zum Ort fast versperren. Als Harrer und Aufschnaiter an ihnen vorbeigehen, beginnen sie langsam, in die Hände zu klatschen. Großspurig winkt Harrer ihnen zu.

HARRER
Manche Leute freuen sich, uns zu sehen.

AUFSCHNAITER
Laß es dir nicht zu Kopf steigen, Heinrich. Wenn Tibeter in die Hände klatschen, wollen sie damit böse Mächte vertreiben.

115

Das Klatschen wird lauter, nachdrücklicher. Nach ein paar Schritten tritt ihnen ein streng und herrisch dreinblickender Mönchsbeamter entgegen. Ohne zu zögern, verneigen sich die beiden Männer unterwürfig.

AUFSCHNAITER
(in tibetischer Sprache)
Wo können wir Reiseerlaubnis und Lebensmittel bekommen?

MÖNCHSBEAMTER
Sprecht mit dem Garpön.

HAUS — TAG
Der Mönchsbeamte schickt den Bewohner des Hauses aus, den Garpön zu holen. Er bleibt bei Harrer und Aufschnaiter und läßt die beiden nicht aus den Augen, während sie sich in dem Raum umsehen. Natürlich gibt es den allgegenwärtigen Altar, darauf eine Buddhastatue, buddhistische Schriften sowie eine kleine Stupa. Auf dem Altar verteilt liegen sepiafarbene Fotos des kindlichen Dalai Lama, auch einige seines Vorgängers, des dreizehnten Gottkönigs. Neben einem der Fotos des 13. Dalai Lama liegt ein mit tibetischen Schriftzeichen bedrucktes Papier, das aussieht wie ein amtliches Schriftstück. Der Mönchsbeamte nimmt das Papier zur Hand und zeigt es ihnen.

MÖNCHSBEAMTER
Das letzte Vermächtnis des Großen Dreizehnten Dalai Lama.
(deutet auf das Foto des 13. Dalai Lama)
Eine Prophezeiung. Sie lautet …
(liest langsam und stockend)
»Es kann geschehen, daß hier, in Tibet, Religion und … Regierung … von fremden Kräften angegriffen werden. Wenn es uns nicht gelingt, unser Heimatland zu schützen, werden unsere Mönche und ihre … Klöster vernichtet werden … Ländereien und Besitztümer der Regierungsbeamten werden beschlagnahmt werden. Der Dalai Lama und alle … ehrwürdigen Bewahrer des Glaubens werden verschwinden und namenlos werden.«
(legt es an seinen Platz zurück)

116

Jetzt wißt ihr, warum wir Fremde hier nicht willkommen heißen.

HARRER
Aber wir sind nicht als Störenfriede hierher ge …

In diesem Augenblick tritt der Garpön in Begleitung seines Stellvertreters ein. Harrer fährt erschrocken zurück – es sind die beiden Männer, die er früher am Tag unsanft aus dem Weg gedrängt hat. Der Garpön und sein Stellvertreter mustern die beiden Fremden in wortloser Verachtung. Harrer greift in seine Tasche und tritt mit einer demütigen Verneigung einen Schritt vor.

HARRER
Eure Hoheit, ich habe ein Geschenk für Euch.

GARPÖN

Ihr habt nichts, was ich brauche.

Harrer zieht etwas aus der Tasche und überreicht es dem Garpön mit feierlicher Miene. Es ist die Fotografie des Dalai Lama, die ihm der Sherpa auf dem Nanga Parbat geschenkt hat.

HARRER

Lang lebe Seine Heiligkeit, der Dalai Lama.

DORF – TAG

Am Dorfrand legt der Garpön Harrer und Aufschnaiter weiße Schleifen – *khatas* – um den Hals, eine tibetische Tradition, mit der man Ankommende und Abreisende ehrt. Neben ihnen stehen zwei kräftig gebaute Geleitsoldaten.

GARPÖN

Danke für das Bild. Jetzt kehrt nach Indien zurück.

STRASSE – TAG

Harrer und Aufschnaiter sind wütend über die unerbittliche Wachsamkeit ihrer Begleiter, die sie von beiden Seiten in die Zange genommen haben. Legen die beiden Österreicher einen Schritt zu, werden auch die Geleitsoldaten schneller. Verlangsamen sie ihren Schritt, tun es auch ihre Begleiter.
Harrer nimmt seine Erzählung auf.

HARRER (aus dem Off)

Zwei Tage im westlichen Grenzland von Tibet, und schon werden wir verjagt wie die Hunde. Unsere Bewacher haben den ausdrücklichen Befehl, uns die zwanzig Kilometer bis zur Grenze zu begleiten. Obwohl sich die Tibeter selbst als freundliche Menschen bezeichnen, haben die Soldaten das Recht, uns zu erschießen, wenn wir versuchen zu fliehen.

DORF UND BASAR – TAG

Am Rande eines kleinen Dorfs erstreckt sich ein Nomadenmarkt. Auf der Wiese vor dem Markt grasen Yaks, Schafe und Ziegen. An zahlreichen Ständen verkaufen

Nomaden aus verschiedenen Regionen des Landes Getreide, Butter und Tiere. Auch Haushaltsgegenstände werden in Hülle und Fülle feilgeboten: Nadeln, Aluminiumtöpfe und -pfannen, Nähgarn und Zierat aller Art.

Harrer, Aufschnaiter und ihre beiden Bewacher nähern sich dem Basar.

BASAR — TAG

Bei ihrem Ankommen unterbrechen die Nomaden ihr geschäftiges Treiben und gaffen die Fremden neugierig an. Einer nach dem anderen reißt den Mund auf und streckt die Zunge heraus. Die beiden Geleitsoldaten strecken ebenfalls die Zunge heraus.

> AUFSCHNAITER
> Muß wohl Hallo heißen.

> HARRER
> Solange sie nicht versuchen, mich zu küssen.

Wie festgefroren bleiben die Menschen mit herausgestreckter Zunge stehen. Sie warten. Beherzt strecken nun auch Harrer und Aufschnaiter die Zunge heraus, und schon erwacht der ganze Marktplatz wieder zum gewohnten Leben. Ihre Begleiter immer im Schlepptau, wandern sie an Ständen vorbei, an denen staubverschmutzte Nomaden ihre Waren feilbieten. Sie kommen zu einem Stand, an dem lebhaft um Butter und Gerste gefeilscht wird. Harrer dreht sich zu Aufschnaiter um und flüstert mit ihm.

> HARRER
> Wir müssen neue Vorräte besorgen. Ich bin völlig abgebrannt.

> AUFSCHNAITER
> Was siehst du mich an?

Harrer zeigt auf die Uhr, die Aufschnaiter am Arm trägt.

> AUFSCHNAITER
> Die ist nicht zu verschachern. Mein Vater hat sie mir geschenkt, als ich den Mont Blanc bestiegen habe.

HARRER
Auf dem Mont Blanc war doch jeder.
(vorwurfsvoll)
Wenn ich so eine Uhr hätte, ich würde sie hergeben.

Aufschnaiters Miene verhärtet sich ablehnend, doch dann streift er die Uhr ab und beginnt mit dem Händler zu feilschen. Ihre Begleiter wenden sich den aufgetürmten Haufen schmutziger Kleider am Stand zu und fangen an, darin zu wühlen. Einer der beiden probiert eine Jacke und eine Kappe an. Als Harrer ihn sieht, kann er es kaum glauben. Die fleckiggrüne Militärjacke und die grüne Kappe mit dem roten Stern gehören zur Uniform der chinesischen Volksbefreiungsarmee. Verwirrt wendet sich Harrer an den Händler.

HARRER
Woher hast du diese Jacke?

HÄNDLER
Amdo. Nordtibet. Kommunistensoldaten kommen aus China. Sehr freundlich. Sie geben Geld, Essen. Sehr freundlich, Kommunistensoldaten.

Harrer schüttelt den Kopf, dann dreht er sich zu dem Bewacher um, der mit stolzgeschwellter Brust in seiner chinesischen Uniformjacke herumstolziert. In diesem Augenblick formt sich in Harrers Gedanken ein Plan. Er stellt sich unauffällig neben Aufschnaiter und spricht im Flüsterton mit ihm.

HARRER
Willst du sehen, wie schnell wir unsere Bewacher los sind?

Dann wendet sich Harrer an die beiden Begleiter.

HARRER
Gefallen euch Militäruniformen? Wir haben deutsche Armeestiefel.

Aufschnaiter übersetzt seine Worte ins Tibetische, während Harrer die spitzen Steigeisen der Bergsteigerausrüstung in die Höhe hält. Die beiden Tibeter haben noch nie in ihrem Leben solch einen sonderbaren Gegenstand gesehen.

HARRER
Na los, probiert sie an.

Aufschnaiter übersetzt den beiden Tibetern, was Harrer gesagt hat. Neugierige beginnen sich um das Grüppchen zu scharen, als der Mann mit der chinesischen Uniformjacke einen Fuß hebt und Harrer ihm ein Steigeisen umschnallt. Aufschnaiter bückt sich, um dem anderen Tibeter die Steigeisen anzulegen. Sie wickeln Lederschnürsenkel um die Schuhe der beiden Männer, damit die Steigeisen fest sitzen. Die murmelnde Schar der Neugierigen wird immer größer. Nachdem sie ihren beiden Begleitern die Steigeisen fest an die Füße geschnallt haben, richtet sich Harrer auf.

HARRER
Jetzt zeige ich euch, wie deutsche Soldaten marschieren.

Er marschiert ein Stückweit im Stechschritt wie ein Besessener. Angefeuert von der begeisterten Menge, folgen die beiden Bewacher Harrer und ahmen andächtig jede seiner Bewegungen nach. Allerdings ist das mit den Steigeisen ein schwieriges Unterfangen, sie kommen ins Stolpern und finden nur mit Mühe ihr Gleichgewicht wieder. Harrer wendet sich an die beiden Bewacher, als er Aufschnaiter an seiner Seite bemerkt.

HARRER
Und jetzt zeige ich euch, wie deutsche Soldaten rennen.

Wie der Blitz sprinten Harrer und Aufschnaiter gleichzeitig los. Die Zuschauer glauben einen Moment lang, dies sei ein Teil ihrer Vorstellung. Die beiden Bewacher versuchen mit ihren Steigeisen zu rennen und schlagen der Länge nach auf die Erde. Harrer und Aufschnaiter rennen durch den Basar in das nahe gelegene Dorf.

DORF — TAG
So schnell sie können, hasten Harrer und Aufschnaiter durch die steil ansteigenden Gäßchen, die direkt in die Berge führen.

GEBIRGSHANG – TAG

Aus der Ferne sehen wir die zwei Männer, die eilig einen steilen Serpentinenweg hinaufsteigen, der an einem Gipfelplateau endet.

PLATEAU – SPÄTNACHMITTAG

Als sie bei dem Plateau ankommen, hat sich der abendliche Himmel gerade blutrot gefärbt. Harrer läßt sich keuchend auf die Knie fallen. Er reißt den Rucksack auf und trinkt in gierigen Zügen Wasser aus einer Feldflasche. Aufschnaiter läßt sich neben ihm fallen. Ausgepumpt liegen sie nebeneinander und versuchen wieder zu Atem zu kommen.

> HARRER
> Sieh nach, ob sie uns folgen.

> AUFSCHNAITER
> Geh selbst.

Harrer rafft sich auf und stolpert zum Rand des Plateaus. Unter ihm dehnt sich die tibetische Ebene so weit und gewaltig wie ein Ozean. Harrer umrundet langsam das Plateau und hält Ausschau nach den beiden Bewachern.

Auf dem Boden ausgestreckt, dreht Aufschnaiter den Kopf zur Seite. Dicht vor seinen Augen liegt Harrers geöffneter Rucksack. Ein paar Lebensmittelvorräte sind herausgerollt. Aufschnaiter entdeckt etwas Glänzendes in dem Gepäck und reckt den Hals, um es sich aus der Nähe anzusehen. Voller Empörung über das, was Harrer in seinem Rucksack versteckt hat, zieht er drei mit einem Gummiband zusammengehaltene Armbanduhren und Harrers goldenen Ehering hervor. Aufschnaiter richtet sich mühsam auf und geht zu Harrer hinüber, der noch am Rand des Plateaus steht.

PLATEAURAND – SPÄTNACHMITTAG

Beim Geräusch der Schritte fährt Harrer herum und sieht sich Aufschnaiter gegenüber.

> AUFSCHNAITER
> Weißt du, wie spät es ist?

Irritiert registriert Harrer die Zornesröte in Aufschnaiters sonst so sanftmütigem Gesicht. Aufschnaiter schleudert Harrer die Uhren entgegen.

AUFSCHNAITER

Hilf meinem Gedächtnis auf die Sprünge. Was hast du im Basar gesagt?
(erregt)
»Wenn ich so eine Uhr hätte, ich würde sie hergeben.« Du hast nicht nur eine, du mieses verlogenes Schwein, du hast drei!

Harrer strafft ungerührt die Schultern.

HARRER

Hast du ein Problem, Peter?

AUFSCHNAITER

Meinst du, ich bin so scharf auf deine Begleitung, daß ich die Rechnung bezahlen muß? Bist du ein so toller Kerl, daß du keinen Beitrag zu leisten brauchst?

HARRER
(schwenkt die Uhren in der Hand)
Es ist Ramsch. Von italienischen Häftlingen.

AUFSCHNAITER

Ist mir scheißegal. Kennst du denn gar keine Prinzipien?

HARRER
(höhnisch)
Na los. Nimm eine. Und behalt deine Prinzipien für dich.

Er drückt Aufschnaiter das Uhrenbündel in die Hand und setzt sich in Bewegung, um etwas Abstand zwischen sich und Aufschnaiter zu bringen.

AUFSCHNAITER

Sieh dich nur an. Wirst als egoistisches Arschloch entlarvt und grinst auch noch hämisch.

HARRER

Du redest wie ein altes Waschweib, Peter. Was soll ich deiner Meinung nach tun?

AUFSCHNAITER

Probier's mit einer Entschuldigung. Probier's mit einem Quentchen Reue. Wenn alles nichts nützt, nimm wenigstens das Grinsen aus dem Gesicht.

HARRER
(stößt ihn von sich)

Nimm eine Uhr und halt die Klappe! Ich brauche keinen langweiligen Sermon von irgendeinem frustrierten besseren Reiseleiter.

Aufschnaiter fährt herum. Er geht zu seinem Rucksack und hebt ihn auf.

AUFSCHNAITER

Kein Wunder, daß du immer allein bist. Wer könnte schon deine elende Gesellschaft ertragen?

Damit wirft er Harrer die Uhren vor die Füße, macht kehrt und entfernt sich mit steifen Schritten den Weg hinunter. Harrer sieht ihm nach und zuckt die Achseln: kein großer Verlust. Aufschnaiter ist schon ein gutes Stück entfernt, als Harrer plötzlich von einer Welle der Reue überflutet wird. Hastig reißt er seinen Rucksack an sich und schießt, die Serpentinen links liegenlassend, wie ein geölter Blitz in gerader Linie den Berghang hinunter, bis er Aufschnaiter eingeholt hat.

GEBIRGSHANG – SPÄTNACHMITTAG

Bei Aufschnaiter angelangt, bleibt Harrer stehen und ringt nach Atem. Zögernd streckt er die Hand aus. Darin liegen die Uhren und Harrers Ehering.

HARRER

Bitte nimm sie.
(macht eine Pause der Verlegenheit)

Es war nicht richtig, sie zu verstecken.

Wahrscheinlich ist es das erste Mal in seinem Leben, daß er zugibt, einen Fehler gemacht zu haben. Aufschnaiter nimmt die Uhren an, gibt aber den Ehering zurück.

AUFSCHNAITER

Behalt den Ring.

HARRER
Nein. Den habe ich auch nicht verdient.

Aus seinen Augen spricht ein so tiefes Schuldgefühl, daß Aufschnaiter, eigenartig
berührt, wortlos den Ring nimmt.

TAL – ABENDDÄMMERUNG
Während sich die Nacht allmählich herabsenkt, steigen die beiden Männer gemeinsam über den Gebirgspfad ins Tal hinunter.

NACHTHIMMEL – SPÄTER
Der Himmel ist übersät mit Tausenden von funkelnden Sternen.

HARRER (aus dem Off)
… Er ist jetzt ungefähr dreieinhalb Jahre alt. Bald wird sie ihm erzählen, ich sei
im Himalaja verschollen. Dann hat er also einen toten Vater. Was mir nur
recht ist.

LAGERSTÄTTE – NACHT
Harrer und Aufschnaiter haben sich am Boden ausgestreckt und in ihre Decken
gerollt.

AUFSCHNAITER
Wieso?

HARRER
Besser ein toter Vater als ein miserabler Vater.

Lange Zeit starren sie schweigend in den Himmel.

AUFSCHNAITER
Schreib ihm, daß du am Leben bist.

LAGERRAUM – TAG
Naheinstellung einer Ansichtskarte vom Arc de Triomphe in Paris. Eine Kinderhand kommt ins Bild, hält die Postkarte vor eine Kerze. In einer weiteren Einstel-

lung sehen wir den zehnjährigen Dalai Lama, der Postkarten vor ein rechteckiges Loch in einer Tafel hält; die Postkarten werden von einer Kerze hinter der Tafel beleuchtet wie in einem Diaprojektor. Es ist eine Art Anschauungsunterricht, mit dem der Dalai Lama einem alternden Palastkehrer – seinem Kammerdiener – die westliche Welt erklärt. Die beiden befinden sich in einem staubigen Lagergewölbe im Potala. Geschenke, Spielsachen, Stoffe häufen sich in dem Lagerraum neben zahllosen Bücherstapeln. Der Palastkehrer, der neben einer halb offenstehenden Tür Stellung bezogen hat, klatscht begeistert in die Hände, als ihm der Dalai Lama eine Ansichtskarte der Freiheitsstatue in New York zeigt. Ein Blick in den Gang läßt ihn zusammenfahren.

Draußen im Korridor suchen die Lehrer des Dalai Lama – Ling Rimpoche und Trijang Rimpoche nach Seiner Heiligkeit. Der Palastkehrer legt den Finger an die Lippen und gibt dem Dalai Lama ein Zeichen, worauf dieser hastig die Kerze ausbläst. Während der Raum allmählich dunkel wird, hören wir Harrers Stimme.

126

HARRER (aus dem Off)
Lieber Rolf Harrer, ich bin jemand, den du nicht kennst. Ein Mann, dem du
nie begegnet bist …

GEBIRGSPLATEAU IN TIBET — TAG
Mitten in dem von den Bergen des Himalaja umsäumten Hochplateau leuchtet
ein strahlend türkisgrüner See. Harrer und Aufschnaiter stehen am Ufer.

HARRER (aus dem Off)
Aber du bist jemand, mit dem ich mich in Gedanken beschäftige … und in
meinem Herzen … in diesem fernen Land, in dem ich jetzt bin.

TAL — TAG
Die beiden Männer wandern durch ein Tal, Wolken werfen gewaltige Schatten auf
das kahle Tafelland. In der Ferne sehen wir die allgegenwärtigen schneebedeckten
Gipfel des Himalaja.

HARRER (aus dem Off)
Wenn du dir einen verborgenen Ort vorstellen kannst, völlig abgeschnitten
von der Welt … geschützt hinter hohen Bergen mit schneebedeckten Gipfeln … einen Ort, der erfüllt ist mit der fremdartigen Schönheit deiner nächt-
lichen Träume …

Über einem Gebirgsgrat wird ein Regenbogen sichtbar.

HARRER (aus dem Off)
… dann weißt du, wo ich bin.

BERG KAILAS — TAG
Der Berg Kailas, der sich einsam in majestätischer Schönheit erhebt, ist für die
Tibeter der heiligste aller Berge. Entlang des Weges türmen sich riesige Steinhau-
fen, einige von ihnen so hoch, daß sie die in Scharen herbeiströmenden Pilger über-
ragen. Viele der Pilger werfen sich zum Zeichen ihrer Demut immer wieder länge-
lang in den Staub.

HARRER (aus dem Off)
In dem Land, das ich bereise – Tibet –, glauben die Menschen, daß sie von ihren schlechten Taten gereinigt werden … wenn sie über weite Entfernungen zu heiligen Orten wandern.

GEBIRGE – TAG
In der Sommerhitze schwitzend, trotten die beiden Männer einen Gebirgspfad hinauf. Ein junger Mönch kommt ihnen mit wehenden Gewändern entgegengerannt, die sich hinter ihm aufbauschen wie ein großer roter Fallschirm. Bei Harrer und Aufschnaiter angelangt, bleibt der Mönch stehen. Und bietet ihnen zwei kleine getrocknete Aprikosen als Geschenk an.

HARRER (aus dem Off)
… Sie glauben, daß sie um so mehr gereinigt werden, je beschwerlicher die Reise ist.

VEREISTER WASSERFALL – TAG
In tiefstem Winter streckt Harrer Aufschnaiter helfend die Hand entgegen. Aneinandergeseilt erklimmen die beiden Männer vorsichtig einen vereisten Steilhang.

GETREIDEFELD – TAG
Harrer und Aufschnaiter schleichen durch ein Pappelwäldchen am Rande eines Gerstenfeldes. In einer langen Prozession schreiten Mönche mit buddhistischen Schrifttafeln über das Feld und segnen die Frühjahrsernte.

HARRER (aus dem Off)
Viele Jahre wandere ich nun schon von einem fernen Ort zum anderen – so lange, wie du auf der Welt bist. Ich habe den Wechsel der Jahreszeiten über diesen hohen Ebenen gesehen …

STRASSE – TAG
Aus einer dunklen Sturmwolke wirbelt der Schnee auf Harrer und Aufschnaiter herunter, die über eine Straße stolpern. Bettelnd strecken sie ihre gefühllosen Hände aus, als ihnen eine Yakkarawane entgegenkommt.

HARRER (aus dem Off)
… An diesem Ort, an dem die Zeit stillsteht, scheint alles in Bewegung. So auch ich.

GEBIRGSPASS – TAG
Undurchdringliches Weiß. Dann tauchen Harrer und Aufschnaiter wie Figuren in einem Schattenspiel im dichten Schneetreiben auf. In ihren Bärten hängen kleine Eiszapfen, die Wimpern sind eisverklebt.

HARRER (aus dem Off)
Ich weiß wirklich nicht, wohin ich gehe. Oder ob ich je von meinen schlechten Taten gereinigt werde … ich habe so viele Dinge getan, die ich bereue.

Auf der Paßhöhe angelangt, starren sie hinunter auf das Tschangthang: Ein Abstieg ist nicht möglich; vor ihnen liegt ein vereistes Plateau aus kahlen Felsen und Salzablagerungen, das sich bis in die Unendlichkeit auszudehnen scheint.
Entmutigt läßt sich Aufschnaiter zu Boden fallen. Aus seinen zerrissenen Stiefeln schauen schwarz verfärbte, blutige Zehen hervor. Erfrierungen machen ihm zu schaffen; er ist zu erschöpft, um weiterzulaufen.
Harrer zieht rasch seine noch einigermaßen intakten Stiefel aus. Gibt sie Aufschnaiter.

HARRER
Da. Zieh die an.

TSCHANGTHANG – TAG
Aus der Ferne sehen wir Harrer, der seinen Arm um Aufschnaiters Taille gelegt hat und ihn beim Gehen stützt.

HARRER (aus dem Off)
Aber wenn ich einmal zum Stillstand gekommen bin, wirst du hoffentlich verstehen, daß die Entfernung zwischen uns nicht so groß ist, wie es scheint … In tiefer Zuneigung, Dein Vater … Heinrich Harrer.

GEBIRGE — TAG

Beim mühsamen Abstieg über einen Hang hören Harrer und Aufschnaiter plötzlich monotonen Singsang und Schellengeläut. Über ihnen brechen die Wolken auf. Wie eine Fata Morgana taucht im diesigen Licht eine Pilgergruppe auf und kommt ihnen entgegen.

PILGERKARAWANE — TAG

Harrer und Aufschnaiter rennen mit letzter Kraft den Pilgern entgegen. Sie sehen aus wie zwei knochendürre Gespenster. Einige der Pilger tragen zerschlissene Uniformjacken und Kappen der chinesischen Volksbefreiungsarmee; sie haben Mitleid mit den beiden heruntergekommenen Gestalten, geben ihnen etwas zu essen und Geld.

> HARRER
> Wohin wollt ihr?

> ERSTER PILGER
> Lhasa … heilige Stadt Lhasa …

> HARRER
> Wir auch.

> ZWEITER PILGER
> Unmöglich. Lhasa verboten für Fremde.

Harrer nimmt sein letztes bißchen Würde zusammen und zieht die zerknitterte Bestandsliste seines Verbandskastens aus der Tasche – auf der das amtlich wirkende Rote Kreuz prangt. Zeigt den Nomaden das Papier.

> AUFSCHNAITER
> Wir haben eine Aufenthaltserlaubnis für Lhasa. Ja, eine Erlaubnis.

Die Nomaden reißen ihm mit staunend aufgerissenen Augen das Papier aus den Händen, dann ziehen sie Harrer und Aufschnaiter in ihre Mitte.

DACH DES POTALA – TAG
Der Dalai Lama steht am Rand des Dachs, das Auge an ein Fernrohr gepreßt. Unverwandt starrt er hindurch.
Blick durch das Fernrohr: Von allen Seiten kommen Pilgerscharen herbei und vereinigen sich auf der Hauptstraße zur Stadt zu einem einzigen riesigen Menschenstrom.

PILGERKARAWANE – TAG
Harrer und Aufschnaiter bewegen sich in den Reihen der Pilger – wie magnetisch durch das grüne Kyitschutal gezogen.
Vor diesem Bild Harrers Erzählung:

HARRER (aus dem Off)
Die Verbotene Stadt Lhasa ist genauso schwer zu erreichen wie Mekka ... und ein ebenso verlockendes Ziel, denn sie ist allen Fremden verschlossen.

131

Wie aus einem Mund erhebt sich ein Ruf des Staunens aus der Menge. Alle Blicke sind nach vorn gerichtet auf die goldenen Dächer des Potala. Sie leuchten in der klaren Gebirgsluft.

HARRER (aus dem Off)
Nur wenige Außenstehende sind bisher in ihre Geheimnisse eingedrungen.

STRASSE NACH LHASA – TAG
Auf der Straße wimmelt es von Menschen – Reisende, Kaufleute, Adlige. Viele nähern sich der heiligen Stadt, indem sie sich immer wieder auf den Boden werfen. Harrer und Aufschnaiter machen sich Sorgen wegen der beiden Posten, die das Tor zur Stadt bewachen, und mischen sich so unauffällig wie möglich unter die Menge. Die Wachposten suchen mit aufmerksamem Blick die Menge nach Fremden ab. Gewähren zwei zerlumpten Pilgern – Harrer und Aufschnaiter – Zugang zur Verbotenen Stadt.

LHASA – TAG
Wie ein steinerner Wächter überragt der Potala die altehrwürdige Stadt. Die Straße, die vom Tor ins Herz der Stadt führt, ist auf beiden Seiten von Mauern und polierten bronzenen Gebetsmühlen gesäumt. Mönche defilieren an ihnen vorbei und setzen sie geschickt in Bewegung. Auf unbefestigten Straßen rumpeln mit Seidenballen und Gewürzen beladene Pferdekarren dahin. Stolze Adelsfrauen in fellbesetzten Brokatgewändern und mit kunstvoll aufgetürmtem Kopfputz feilschen mit muslimischen Kaufleuten um die Preise exotischer Duftöle.
Harrer und Aufschnaiter wandern verzückt durch die heilige Stadt, überwältigt von ihren Gefühlen beim Anblick des innersten Heiligtums, das sie betreten haben. Sie erreichen einen Markt unter freiem Himmel, wo sich Fliegen wie ein Schleier auf blutigen Yakfleischbrocken niedergelassen haben. Sie kommen zu einem Stand, an dem der Händler ranzige Butterstücke in altes Zeitungspapier wickelt. Als Harrer einen Blick auf eine Schlagzeile erhascht, stockt ihm der Atem.

HARRER
Ist er vorbei?

Irritiert sieht Aufschnaiter, wie Harrer die Zeitung vom Verkaufstisch reißt. Es ist eine alte Ausgabe des *Indian Standard*.

Naheinstellung der Zeitung: Auf der Titelseite Bilder der alliierten Truppen bei ihrer Landung in der Normandie. Die Schlagzeile lautet: TAG DER ALLIIERTEN LANDUNG. Das Datum – Juni 1944.

Harrer und Aufschnaiter beugen sich aufgeregt über diese unerwartete Nachricht von der Außenwelt.

AUFSCHNAITER
(deprimiert)
Nein, er ist nicht vorbei.

TIBETISCHES ANWESEN – TAG

Wie Traumwandler lassen sie sich ziellos durch ein schmales Gäßchen treiben, bis sie vor den Toren eines vornehmen Anwesens stehen. Hinter dem Tor befindet sich ein brachliegender Garten. Winterstimmung. Eine spindeldürre betagte Dienerin bringt Hundefutter für zwei kleine Lhasa Apsos; sie stellt die Tröge in den Garten. Harrer und Aufschnaiter warten, bis sie verschwunden ist, dann schlüpfen sie in den Garten.

GARTEN – TAG

Sie gehen in die Hocke und schlingen das Hundefutter in sich hinein. Plötzlich kommt die Dienerin aus dem Haus gestürmt und drischt mit einem Besen auf sie ein.

DIENERIN
(in tibetischer Sprache)
Räudige Hunde! Diebe! Weg mit euch! Kein Essen!

Durch die Bäume sehen wir Tsarong, einen freundlichen, würdevollen Mann um die sechzig, der den beiden Fremden zu Hilfe eilt.

TSARONG
(in tibetischer Sprache)
Taschi, bitte. Hör auf.

Die Dienerin – Taschi – hält beim Erscheinen Tsarongs augenblicklich mit dem Prügeln inne. Tsarongs Blick wird weich, während er die blutigen, blasenbedeckten Füße, die zerschlissenen Kleider, die ausgezehrten Körper der beiden Männer prüfend betrachtet.

TSARONG
Ihr könnt zum Abendessen hierbleiben, wenn ihr möchtet.

Taschi bleibt der Mund offenstehen vor Entsetzen.

HARRER
Danke. Das möchten wir sehr gern.

Harrer streckt ihm eine schmutzige Hand entgegen. Tsarong ergreift sie herzlich.

TSARONG
Ich heiße Tsarong. Willkommen in meinem Haus.

POTALA – TAG
Tsarong steht wartend vor dem Eingangstor, das von Mönchswächtern – Tsingags – in zwei dichten Ringen bewacht wird. Nach einer Weile öffnet sich das Tor, und der Haushofmeister tritt heraus. Es ist ein hochgewachsener, unbeugsamer Mann, der sein Amt als Sendbote des Dalai Lama sehr ernst nimmt. Tsarong verneigt sich vor ihm.

TSARONG
Haushofmeister, dürfte ich um eine Audienz beim Regenten und bei den Kabinettsministern bitten? Es geht um zwei Europäer, die sich in Lhasa aufhalten.

EINGANGSSTUFEN DES POTALA – TAG
Tsarong geht die unzähligen Stufen der hohen Palasttreppe hinauf.

KABINETTSSAAL – TAG
Der Regent – Tathag Rimpoche – sitzt auf einem Thron, der nur wenig niedriger ist als der Thron des jungen Dalai Lama an seiner Seite. Die Minister des tibetischen Regierungskabinetts haben sich versammelt. Ebenso die acht Staatssekre-

täre. Es sind vier weltliche Beamte und vier Mönchsbeamte. Das Wort hat ein Untersekretär – ein selbstbewußter, überaus kluger Mann mit der stolzen Haltung eines Aristokraten. Sein Name ist Ngawang Dschigme. Im Gegensatz zu den Ministern mit ihren vornehmen Brokatkleidern trägt er ein schlichtes braunes Gewand. Er hält einen Brief in der Hand.

REGENT
(an Ngawang gewandt)
Danke, daß Sie unseren Brief an die chinesische Gesandtschaft vorgelesen haben, Ngawang Dschigme.
(an die Minister gewandt)
Was meinen Sie? Glauben Sie, daß er scharf genug formuliert ist, ohne die chinesische Regierung zu beleidigen?

Die Minister murmeln untereinander und nicken. Aber keiner äußert eine Meinung. Mit vollendeter Beherrschung verneigt sich Ngawang Dschigme.

NGAWANG
In aller Bescheidenheit, Rimpoche, wenn Sie die Absicht haben, zu verhindern, daß die Chinesen weiterhin politische Verbündete rekrutieren, ist die Aufforderung an sie, die Bestechung von Mönchen zu unterlassen, taktisch nicht das Allerklügste.
(hält kurz inne)
Die Leute, mit denen Sie reden müssen, sind die Äbte der betreffenden Klöster. Ihnen muß man klarmachen, daß sie unter keinen Umständen sogenannte Spenden von den Chinesen annehmen dürfen.

Der Regent runzelt mißbilligend die Stirn und bringt Ngawang mit einer Geste zum Schweigen.

REGENT
Ich will die Meinung der Minister hören, Ngawang Dschigme, nicht die eines einfachen Sekretärs.

NGAWANG
Ich bitte um Vergebung.

Er steht vollkommen unerschütterlich da, läßt sich keine Gefühlsregung anmerken.

REGENT
Sie können jetzt gehen. Fangen Sie mit der Übersetzung an. So, wie es in dem Brief steht.

KORRIDOR IM POTALA – TAG
Beim Verlassen des Kabinettsaals nickt Ngawang Tsarong zu, der gerade hineingeführt wird. Als Ngawang allein ist, fällt die beherrschte Haltung von ihm ab; zutiefst beunruhigt über die Zurechtweisung des Regenten, faßt er sich mit zitternder Hand an die gerötete Wange. Als Stimmen aus dem Kabinettsaal zu ihm herausdringen, nimmt er seinen Stolz zusammen und schlendert langsam zur Tür. Er zieht sie einen Spaltweit auf und lauscht.

KABINETTSAAL – TAG
Tsarong steht vor dem Dalai Lama, dem Regenten und dem Kaschag – dem Ministerrat. Der Dalai Lama lauscht gebannt den Neuigkeiten, die Tsarong zu berichten hat.

TSARONG
Rimpoche, ist Ihnen bewußt, wie wenige Menschen solche Strapazen überstehen könnten?
(schüttelt den Kopf)
Sie verdienen unsere Achtung. Wenn wir sie nach Indien ausweisen, werden sie wieder im Gefängnis landen.

REGENT
(ungerührt)
Sie haben hier nichts zu suchen, sie haben keine Wohnung.

TSARONG
Ich habe ihnen angeboten, in meinem Gästetrakt zu wohnen.
(ehrerbietig)
Vorausgesetzt natürlich, daß Sie ihnen die Erlaubnis erteilen, in Lhasa zu bleiben.

REGENT
Sie haben sie in Ihr Haus eingeladen? Warum?

TSARONG
Muß man einen Grund haben, um den Notleidenden zu helfen?

Der Dalai Lama blickt um sich, um die Reaktion der Minister zu ergründen. Sein schweifender Blick fällt auf Ngawang in seinem Versteck hinter der Tür. Der Junge grüßt ihn mit einem Lächeln.
Zu Tode erschrocken über seine Entdeckung, zieht sich Ngawang zurück. Hastig schließt er die Tür und eilt durch den Korridor davon.

Harrer sitzt an einem Tisch und schreibt. Auf dem Tisch verstreut liegen Briefe an seinen Sohn. Aufschnaiter blättert in einem Stapel alter *Life*-Hefte, er betrachtet Bilder vom Krieg in Europa. Plötzlich wird die Tür mit einem Ruck aufgerissen, und Taschi tritt mit vielsagendem Grinsen ein.

TASCHI
Mister Henrig, Mister Peter, es ist Besuch für Sie da.

Im Hinausgehen murmelt sie etwas zwischen den Zähnen vor sich hin …

TASCHI
Räudige Hunde!

Einen Augenblick später betritt eine samthäutige, strahlende Schönheit den Raum: Pema Lhaki. Sie hat die Figur eines Mannequins und den Verstand einer Lehrerin. Stellt einen Weidenkorb auf dem Tisch ab und sieht die beiden Männer an.

PEMA
Sie brauchen sich nicht vorzustellen. Ich weiß, wer Sie sind.
(kühl)
Ich heiße Pema Lhaki.

Sprachlos springen die beiden Männer auf.

BEIDE GLEICHZEITIG
Oh.

PEMA
Ngawang Dschigme möchte euch ein Geschenk machen. Zieht euch also bitte aus.

Die beiden stehen da wie verschüchterte Schuljungen, sie sind völlig perplex.

PEMA
Also los … fangen wir an. Ich habe nicht den ganzen Tag Zeit.

AUFSCHNAITER
Tja … das ist überaus liebenswürdig von Ngawang Dschigme.

HARRER
Ja. Überaus. Wer ist dieser liebenswürdige Mensch?

Sie nimmt einen Modekatalog und ein Maßband aus dem Korb und tritt mit prüfendem Blick auf die beiden Männer zu.

PEMA
Sekretär der Kabinettsminister. Er möchte Ihnen ein Geschenk machen. Neue Kleider.
(schlägt den Katalog auf)
Bitte suchen Sie die Kleidungsstücke aus, die Sie wünschen.

Sie gibt ihnen den Katalog. Er ist von Harrod's – von der Niederlassung des britischen Kaufhauses in Kalkutta.
Naheinstellung des Katalogs: Indische Beaus präsentieren in hölzernen Posen westliche Anzüge und Krawatten.

Harrer blickt verwirrt auf den Katalog, dann auf Pema.

HARRER
Sie sind Näherin?

PEMA
(betont würdevoll)
Ich bin Schneiderin, Sir.
(lockerer)
Die einzige Schneiderin in Lhasa, die in Kalkutta war und diese albernen Kleider herstellen kann.

Während sie ihm den Katalog zeigt, kann Harrer den Blick kaum von ihr abwenden, so überwältigt ist er von ihrer Schönheit und ihrer physischen Nähe.

HARRER
(gibt sich betont lässig und deutet auf den Katalog)
Ich nehme dieses »kleidsame« Jackett und diese »sportliche« Wollhose.

Pema nickt und wendet sich Aufschnaiter zu, der sich, weil er Harrers unverkennbares Interesse an ihr bemerkt hat, still zurückgezogen hat.

AUFSCHNAITER
Für mich dasselbe, bitte.

Pema fordert Harrer mit einer Handbewegung auf, sein Gewand auszuziehen. Er tut es und steht mit nacktem Oberkörper und in Boxershorts da. Als sie beginnt, an seinem Rücken Maß zu nehmen, durchrieselt ihn ein angenehmes Prickeln. Er dreht sich zu ihr um und will etwas sagen, aber er bringt keinen Ton über die Lippen.

PEMA
Stehen Sie bitte still.

Als sie das Maßband an seinen Rücken hält, zuckt er unter der Berührung zusammen.

PEMA
Nicht bewegen. Bitte.

HARRER
Verzeihung.

Sie nimmt jetzt an der Brust Maß. Aufschnaiter verdreht die Augen, als Harrer tief einatmet und die Brust herausdrückt. Pema ist völlig unbeeindruckt.
Aufschnaiter lächelt in sich hinein, erfreut registriert er, daß das Spiel für ihn vielleicht doch noch nicht ganz verloren ist.

RAUM IN DER CHINESISCHEN GESANDTSCHAFT – TAG
An den Wänden eines Audienzsaals hängen Bilder von Sun Yatsen und Tschiang Kaischek. Ngawang Dschigme wird dem Amban der chinesischen Gesandtschaft vorgestellt und verneigt sich vor ihm. Der Amban ist ein schlauer alter Fuchs mit untadeligen Manieren. Etliche chinesische Diplomaten haben sich im Audienzsaal

141

versammelt. Die Blicke aller Anwesenden sind auf den Amban gerichtet, der einen Brief in die Höhe hält.

AMBAN
Ich habe gehört, Sie haben den Brief des Kabinetts an uns übersetzt, Ngawang Dschigme.

NGAWANG
Ja, Euer Exzellenz.

AMBAN
Vielleicht können Sie ihn erklären. Warum verlangen Ihre Minister, daß die chinesische Regierung
(liest aus dem Brief vor)
»es unterläßt, den tibetischen Klöstern so großzügige Geldgeschenke zu machen«?
(hält kurz inne)
Mißfallen unsere Geschenke Ihrer Regierung?

NGAWANG
Ich kann weder für den Regenten noch für die Minister sprechen, Exzellenz. Ich bin nur ein Sekretär.

AMBAN
Nicht mehr lange, nehme ich an.
(lächelt)
Ein Mann mit so offensichtlichen Fähigkeiten wird sich kaum damit zufriedengeben, Briefe zu übersetzen. Habe ich recht?

Unbewegt hält Ngawang Dschigme dem bohrenden Blick des Gesandten stand.

AMBAN
Ihr diplomatisches Geschick würde hier reichlich belohnt.

NGAWANG
Meinem Land treu zu dienen ist für mich Belohnung genug, Exzellenz.
(hält einen Moment inne)

Ich bitte um die Erlaubnis, mich entfernen zu dürfen.

Der Amban nickt, und Ngawang wendet sich zur Tür.

CHINESISCHE GESANDTSCHAFT – TAG
Beim Verlassen der Gesandtschaft bemüht sich Ngawang so sehr, nach außen hin vollkommen ruhig zu erscheinen, daß er die chinesischen Arbeiter, die von einer Yakkarawane angelieferte Holzkisten abladen, kaum eines Blickes würdigt. Als er sich von der Gesandtschaft entfernt, wird sichtbar, wie sehr ihn das soeben Erlebte aufgewühlt hat. Ein chinesischer Arbeiter, der damit beschäftigt ist, Kisten durch einen Seiteneingang der Gesandtschaft ins Haus zu schaffen, wartet ab, bis Ngawang außer Sicht ist, bevor er mit einem Brecheisen den Deckel einer Kiste aufstemmt. Er entfernt die Papierschichten, die obenauf liegen. Unter dem Papier kommen Gewehre und Munition zum Vorschein.
Die Kamera schwenkt zum Dach der Gesandtschaft, wo Arbeiter ein Gebilde errichten, das aussieht wie eine glänzende Turmkonstruktion aus einem Metallbaukasten. Es ist eine Antenne.

STRASSE IN DER NÄHE DER CHINESISCHEN GESANDTSCHAFT – TAG
Ngawang geht, noch immer zutiefst aufgewühlt, die Straße entlang. Als er den Blick hebt, erspäht er vor sich in einiger Entfernung Harrer und Aufschnaiter, die auf ihn zukommen. Sie tragen ihre neuen Anzüge. Augenblicklich verändert sich Ngawangs Auftreten: Er richtet sich zu aristokratisch stolzer Haltung auf. Als er Harrer und Aufschnaiter erreicht hat, verneigt er sich in der Annahme, daß sie gekommen sind, ihm ihre Aufwartung zu machen.

NGAWANG
Meine Herren.

Harrer und Aufschnaiter wechseln einen verständnislosen Blick.

AUFSCHNAITER
Pardon, kennen wir uns?

NGAWANG
(droht einen Moment lang die Haltung zu verlieren)
Nein, wir kennen uns nicht. Ich bin Ngawang Dschigme.

Harrer und Aufschnaiter geben einen Laut der Verlegenheit von sich, dann verneigen sie sich tief vor Ngawang, dessen Miene sich angesichts dieser Respektbezeugung sichtlich erhellt.

AUFSCHNAITER
Verzeihen Sie uns, Ngawang Dschigme. Und vielen Dank für Ihr großzügiges Geschenk.

TSARONGS GARTEN — TAG
Es ist ein sonniger, ungewöhnlich lauer Wintertag, und Harrer wirft sich mächtig ins Zeug, um Pema zu beeindrucken. Harrer hat sich ein Seil um die Taille geschlungen und klettert behende und sicher an der Seitenwand des Hauses herunter. Aufschnaiter beobachtet mit undurchdringlicher Miene, wie Harrer seinen Charme spielen läßt, Pema sieht Harrer mit gleichgültiger Belustigung zu.

PEMA
Trotzdem ist es ein albernes Vergnügen, Berge hinaufzuklettern, Heinrich.

Harrer springt grinsend auf den Boden herunter, löst das Seil von seiner Taille und holt sein Tagebuch von einem Tisch in der Nähe. Schlägt es auf und reicht es Pema.

HARRER
So albern nun auch wieder nicht.

Naheinstellung des Tagebuchs: Zu sehen sind Zeitungsausschnitte über Harrers bergsteigerische Heldentaten. Auszeichnungen, Medaillen, Interviews. Pema nimmt das Tagebuch höflich entgegen und sieht sich die Zeitungsausschnitte an.

PEMA
Das ist nur ein weiterer großer Unterschied zwischen unserer Kultur und eurer.
(wirft Harrer einen Blick zu)
Ihr bewundert den Mann, der sich in allen Dingen des Lebens den Weg zur

Spitze bahnt … wir dagegen bewundern den Mann, der sein Ego hinter sich läßt.

(gibt das Tagebuch zurück)

Keinem normalen Tibeter würde es einfallen, sich so in den Vordergrund zu drängen.

Harrer errötet. Ausnahmsweise fällt ihm einmal keine Erwiderung ein.

STRASSE IN LHASA – TAG

In dichtem Schneetreiben eilt Harrer durch die Straßen von Lhasa. Er zerrt heftig an seiner Jackentasche, bis sie abreißt. Darauf steuert er zielstrebig ein Geschäft an der Straßenecke an.

LADEN – TAG

Es ist eine Schneiderei. Beim Anblick von Pema, die über die Hose eines Mannes gebeugt sitzt und einen Riß darin flickt, lächelt Harrer. Der Mann steht mit dem Rücken zu uns; als er sich umdreht, erkennt Harrer zu seiner Überraschung, daß es Aufschnaiter ist. Es dauert einen Augenblick, bis sich Harrer gefangen hat, dann demonstriert er mit theatralischem Überschwang, wie sehr ihn die Situation belustigt. Lachend hält er die Jacke mit der zerrissenen Tasche in die Höhe.

HARRER
Sieht aus, als würden wir heute alle beide eine gute Schneiderin brauchen.

Aufschnaiter bringt ein halbherziges Lachen zustande, er ist steif vor Verlegenheit und bringt kein Wort heraus. Pema bleibt als einzige natürlich und unbefangen, lächelt freundlich und bedeutet Harrer, Platz zu nehmen.

BARKHOR – TAG

Aufschnaiter hält sich dezent im Hintergrund und überläßt Harrer den Platz an Pemas Seite, während sie zu dritt über den Barkhor schlendern – einen surreal wirkenden Rummelplatz der Frömmigkeit und der weltlichen Freuden, das brodelnde Zentrum des gesellschaftlichen Lebens von Lhasa. An der Straße, die einen Ring um den heiligsten aller Tempel von Lhasa, den Jokhang, bildet, reihen sich

Läden und Verkaufsstände, Spielhallen und Tschanghäuser – die tibetischen Bier-schänken – aneinander. Auf der Straße wimmelt es von Kaufleuten, Mönchen, Pil-gern und Khampas. Sie bleiben an einem Verkaufsstand stehen, an dem westliche Waren aus zweiter Hand angeboten werden, und Pema entdeckt ein Paar rostiger Schlittschuhe.

Pema mustert sie mit fragendem Blick, dann wechselt sie rasch ein paar tibetische Worte mit dem Händler. Aufschnaiter tritt befangen einen Schritt zurück und macht den Platz neben Pema frei für Harrer.

HARRER
Gefallen sie dir? Ich kaufe sie dir.

Er wirft ihr ein betörendes Lächeln zu. Sie erwidert sein Lächeln höflich.

PEMA
Vielen Dank, aber ich esse nur wenig Fleisch.

Die beiden Männer sehen sie verständnislos an.

HARRER
Was?

PEMA
(deutet auf den Händler)
Er sagt, es sind Messer aus dem Westen.
(der Händler nickt)
Man schnallt sie sich an die Füße, um Fleisch zu schneiden.

Harrer und Aufschnaiter brechen in lautes Gelächter aus. Pema läßt sich von ihrem Heiterkeitsausbruch anstecken. Es ist überwältigend, zu sehen, wie sich ihre ernste Miene zu einem breiten Lächeln verzieht. Aufschnaiter nimmt ein Paar Schlittschuhe zur Hand.

AUFSCHNAITER
Das sind Schlittschuhe.

Fragend blickt Pema erst Aufschnaiter, dann Harrer an.

146

HARRER
Man schnallt sie sich an die Füße, aber dann gleitet man damit … tanzt sozu-
sagen auf dem Eis.

PEMA
Wozu?

AUFSCHNAITER
(weich)
Das ist auch so ein albernes Vergnügen, Pema.

Pema dreht sich zu Aufschnaiter um, und in diesem Augenblick erkennt sie, welch
tiefe Qual es ihm bereitet, immer wieder hinter Harrer zurückzutreten. Aufschnaiter liebt Pema. Und sie weiß es.

ZUGEFRORENER SEE AM FUSSE DES POTALA – TAG
Ein paar Menschen lungern neugierig am Ufer des zugefrorenen Sees herum und
beobachten, wie Harrer, Aufschnaiter und Pema mit Schlittschuhen an den Füßen
beherzt auf die glitzernde Eisfläche treten.
Auf dem Eis: Pema strauchelt, und beide Männer strecken augenblicklich einen Arm
nach ihr aus, um sie zu halten. Sie greift nach beiden. Eingehakt gleiten die drei
ein paar Meter über das Eis. Dann stürzt Pema. Harrer reagiert schneller und streckt
als erster die Hand aus, um ihr aufzuhelfen. Pema glättet ihre Kleider und wartet,
bis Aufschnaiter ihr die Hand reicht. Ruhig nimmt sie Aufschnaiters Hand und
läßt sich von ihm auf die Füße helfen. Harrer steht mit offenem Mund daneben.

SEE – SPÄTER
Eine große Zuschauermenge – Mönche und weltliche Bewohner der Stadt – hat
sich inzwischen am Seeufer versammelt. Ein junger Mönch schnallt sich, umringt
von neugierigen Tibetern, Schlittschuhe an die Füße. Er stakst aufs Eis hinaus und
setzt sich prompt auf den Allerwertesten.
Auf dem Eis: Jetzt ist es Harrer, der sich, gar nicht mehr so von sich selbst überzeugt, im Hintergrund hält, während Aufschnaiter Pema geduldig zeigt, wie man
die Balance hält, sich abstößt und gleitet. Die beiden bewegen sich in kleinen Krei-

sen, ohne die Augen voneinander zu lösen – ein stilles, unerschütterliches Glück. Harrer, der ihnen aus einiger Entfernung zuschaut, scheint perplex zu sein, daß Pema offensichtlich Aufschnaiter vorzieht, und untröstlich darüber, daß das Spiel für ihn verloren ist. Angesichts dieser Situation ringt er sich zu einer für ihn untypischen Geste der Großzügigkeit durch. Er zieht sich zurück und überläßt die beiden sich selbst. Während Pema und Aufschnaiter gemeinsam dahingleiten, entdeckt Harrer den Mönch, der ungeschickt auf das Eis schwankt. Fährt zu ihm hinüber. Nimmt behutsam seine Hand und führt ihn in die Mitte des Sees hinaus.

SUBJEKTIVE – BLICK DURCH DAS FERNROHR:
Wir folgen dem Blick des Fernrohrs auf Harrer, der den Mönch an der Hand über den See führt und ihm das Schlittschuhlaufen beibringt.

DACH DES POTALA – TAG
Wie gebannt beobachtet der Dalai Lama die Schlittschuhläufer durch sein Fernrohr.

GÄSTETRAKT IN TSARONGS HAUS – TAG
Harrer sitzt an einem Tisch und schreibt einen Brief an seinen Sohn.

> HARRER (aus dem Off)
> Ich versuche mir Dich vorzustellen, Rolf, und was ich sehe, ist ein kleiner Junge, der stark ist … und mutig. Ein Junge, der keine Angst hat …

Geistesabwesend hält er inne, starrt einen Moment lang aus dem Fenster.

> HARRER (aus dem Off)
> … aus seinen Fehlern zu lernen.

HAUS AUF DEM LAND – TAG
Harrer galoppiert über einen Feldweg zu einem hübschen, einsam gelegenen Haus, vor dem er sein Pferd anbindet. Gleich darauf treten Aufschnaiter und Pema vor die Tür, um ihn zu begrüßen. Pema trägt eine gestreifte *Tschuba* über der Schürze. Naheinstellung der ineinander verschlungenen Hände des Paares – beide tragen

148

einen Ehering. Pema geht auf Harrer zu und streckt ihm die Hand zur Begrüßung entgegen. Mit mühsam gespielter Jovialität deutet er auf ihren Ehering.

HARRER
Hallo, verheiratete Frau.

PEMA
Hallo, lediger Mann.

Aufschnaiter und Harrer umarmen sich verlegen.

AUFSCHNAITERS UND PEMAS HAUS – ABEND
Harrer sitzt Pema gegenüber, ein junger Diener serviert das Abendessen. Aufschnaiter kann sich nicht vom Radio lösen, er hört BBC-Nachrichten.

NACHRICHTENSPRECHER (aus dem Off)
Die japanische Armee sieht sich mit zunehmendem Widerstand konfrontiert, nicht von seiten der nationalen Einheitsfront Chinas, sondern von den mächtigen kommunistischen Truppen. Unter dem Kommando Mao Tse-tungs umfassen der Achte Weg und die Neue Vierte zusammen beinahe eine halbe Million Männer und Frauen …

Aufschnaiter stellt das Radio leiser und setzt sich an den Tisch.

AUFSCHNAITER
Gerüchten zufolge haben die Kommunisten Nord- und Ostchina weitgehend unter ihre Kontrolle gebracht.

HARRER
(nickt)
Gerüchte? Das sind Tatsachen, Peter. Sie werden die Japaner besiegen und dann einen Bürgerkrieg anzetteln. Ngawang hält mich über die Kriegsnachrichten aus China auf dem laufenden.

Der Diener entfernt sich. Bevor sie mit dem Essen beginnen, falten Pema und Aufschnaiter die Hände und murmeln ein Gebet. Harrer stellt fest, daß beide ein rotes Band – Amulettschleifen – um den Hals tragen, und er kommt sich noch mehr als

149

zuvor wie ein Außenseiter vor. Nach dem Gebet macht sich Aufschnaiter hungrig über sein Essen her.

AUFSCHNAITER
Und, wie geht es so bei Kungo Tsarong?

HARRER
Keine Ahnung. Ich bin vor fünf Monaten ausgezogen.

AUFSCHNAITER
(verblüfft)
Haben wir uns wirklich so lange nicht gesehen?

HARRER
Ja. Sieht ganz so aus.

Verlegenes Schweigen tritt ein.

PEMA
Und warst du sehr beschäftigt?

HARRER
O ja, wißt ihr, ich verdiene mein Geld jetzt beim Staat. Ich bin beauftragt worden, die ganze Stadt Lhasa zu vermessen. Euer Haus liegt allerdings so weit draußen, daß es auf meiner Karte nicht erscheint.

PEMA
Wir sind gern unter uns.

HARRER
Das ist mir nicht entgangen.

Aufschnaiter wirft Harrer einen mitfühlenden Blick zu, worauf dessen Miene noch abweisender wird. Pema scheint Harrers ungehobeltes Benehmen nicht zu bemerken.

PEMA
Wie steht es mit Frauen? Hast du eine kennengelernt, die dir gefällt?

150

HARRER
(lacht freudlos auf)
Nachdem ich in der Ehe mit einer österreichischen Frau kläglich versagt habe,
wäre es wohl eher unangebracht, mich in ein exotisches Fiasko mit einer Tibeterin zu stürzen.
(scharf)
Aber um deine Frage zu beantworten – nein, habe ich nicht.

Pema hebt den Kopf und sieht Harrer in die Augen, entwaffnet ihn mit ihrer einfachen Güte.

PEMA
Das Glück eines Freundes ist ein Segen, Heinrich. Es tut mir leid, daß du uns
unseres mißgönnst.

Harrer muß den Blick von Pemas teilnahmsvollen Augen abwenden.

STRASSE IN LHASA – TAG
Harrer schleppt einen Theodoliten die Straße entlang, stellt ihn lustlos auf und
macht ein paar flüchtige Eintragungen auf einer Landkarte, dann blickt er durch
das Fernrohr des Vermessungsinstruments. Subjektive – durch das Fadenkreuz des
Fernrohrs: Ngawang nähert sich mit energischen Schritten. Dicht vor der Linse
bleibt er stehen, beugt sich hinab und spricht Harrer an.

NGAWANG
Heinrich. Der Krieg ist zu Ende.

HARRER
(antwortet pflichtschuldig)
Haben die Kommunisten gewonnen?

NGAWANG
Euer Krieg, mein Freund. Deutschland hat kapituliert.

Harrer richtet sich mit einem Ruck auf; er ist sprachlos. Es dauert einen Moment, bis er die volle Bedeutung des Gehörten begreift. Ohne sich weiter um den Theodoliten oder sonst irgend etwas zu kümmern, geht er wortlos davon.

NGAWANG
(konsterniert)
    Wohin gehen Sie?

HARRER
    Heim. Nach Österreich.

HARRERS HAUS – ABEND
Mit neu erwachter Energie trägt Harrer seine persönlichen Besitztümer zusammen und packt sein Bündel, als ein leises Klopfen ertönt. Er öffnet die Tür. Auf leisen

Sohlen, wie eine Straßenkatze, schlüpft Taschi ins Haus und reicht ihm einen Brief.

TASCHI
Brief für Sie.
(vorwurfsvoll)
Sie fehlen uns.

Naheinstellung: Der Brief kommt aus Österreich. Er ist in kindlicher Handschrift an Herrn Heinrich Harrer in Tsarongs Haus adressiert.
Aufgeregt nimmt Harrer den Brief entgegen. Er küßt Taschi auf die Stirn.

HARRER
Ihr fehlt mir auch.

SCHREIBTISCH IN HARRERS HAUS – SPÄTER
Harrer reißt den Umschlag auf, liest den Brief. Und sackt in sich zusammen. Flüsternd, mit dumpfer Stimme, liest er den Brief noch einmal.

HARRER
»Sehr geehrter Herr Harrer, Sie sind nicht mein Vater. Bitte schreiben Sie mir keine weiteren Briefe mehr. Rolf Immendorf.«

HAUS – NACHT
Harrer wälzt sich schlaflos im Bett. Er springt auf, nimmt seine Decke und stürmt aus dem Haus.

HAUS – MORGEN
Vor dem Haus hat sich Harrer seiner Verzweiflung hingegeben. Er hebt den Kopf, als er von der Straße her Hufklappern hört. Ein wendiger Bote zügelt sein Pferd, springt ab und vollführt eine schneidige Verbeugung vor Harrer.

BOTE
Ehrenwerter Heinrich Harrer – ein Brief für Sie.

Würdevoll überreicht er den Brief. Harrer schüttelt den Kopf.

HARRER
Der ehrenwerte Heinrich Harrer will keine Briefe mehr haben.

Der Bote drückt Harrer den Brief auf die Brust.

BOTE
Mit Hochachtung, Sir. Er ist von der Heiligen Mutter Seiner Heiligkeit des Dalai Lama.

TOR ZUM ANWESEN DER MUTTER DES DALAI LAMA — TAG
Dem Boten folgend, wird Harrer durch ein schweres verschnörkeltes Tor geschoben.

INNENHOF IM ANWESEN DER MUTTER DES DALAI LAMA — TAG
Auf einer Seite des großen Hofs, der kunstvoll angelegt ist mit Gärten und Spring-brunnen, steht ein Zeremonienbaldachin. Unter dem Baldachin steht ein Thron. Auf dem Thron sitzt die Mutter des Dalai Lama. Eine weiße *khata* in den Händen, tritt Harrer gemessenen Schritts auf sie zu. Sie mustert ihn mit stillem, klugem Blick. Als er bei ihr angelangt ist, reicht Harrer ihr die *khata*.

MUTTER
(nimmt die khata entgegen)
Ich danke Ihnen für Ihr Kommen, Herr Harrer.

HARRER
Ich danke Ihnen für Ihre Einladung, Heilige Mutter.

Sie deutet auf einen Stuhl, der vor ihrem Thron aufgestellt ist. Harrer nimmt dar-auf Platz. Sie taxieren einander mit zurückhaltenden Blicken.

MUTTER
Kennen Sie die protokollarischen Regeln, die in Anwesenheit meines Sohnes gelten?

HARRER
(verwirrt)

Nein, nicht genau. Ich weiß, daß man sich verneigt und auf den Boden wirft. Warum?

MUTTER
(läßt seine Frage unbeantwortet)
In Gegenwart seiner Heiligkeit müssen Sie stehen, in Gehorsam geneigt, die Hände in Demut gefaltet. Wenn Sie zum Sitzen aufgefordert werden, müssen Sie stets niedriger sitzen als er. Sehen Sie ihm nie in die Augen. Sprechen Sie nie, bevor er das Wort an Sie gerichtet hat. Sprechen Sie Ihn stets mit »Eure Heiligkeit« an. Kehren Sie ihm nie den Rücken zu. Und berühren Sie ihn niemals.
(schweigt einen Augenblick)
Er ist die Inkarnation von Avalokiteshvara, des Bodhisattva des liebenden Mitleids.

HARRER
Das ist eine Menge Protokoll.
(bekommt keine Antwort)
Nur so aus Neugier, hat Seine Heiligkeit auch einen richtigen Namen?

MUTTER
Bei seiner Geburt erhielt er den Namen Lhamo Dondrub. Aber nach seiner Offenbarung wurde er umbenannt in Jetsun Jamphel Ngawang Lobsang Yeshi Tenzin Gyatso – der Heilige, der zarte Gloriose, der Sprachgewaltige, der Mitfühlende, der weise Bewahrer des Glaubens, der Ozean der Weisheit.

HARRER
Das sind eine Menge Namen.

Unfähig zu sagen, ob in seinen Worten Sarkasmus mitschwingt oder nicht, faltet sie feierlich die Hände und mustert ihn prüfend, bis ihm unbehaglich zumute wird unter ihren Blicken.

MUTTER
Seine Heiligkeit der Dalai Lama möchte Sie kennenlernen.

Harrer traut seinen Ohren nicht.

MUTTER
Da seine Lehrer eine Privataudienz mit Ihnen nicht gestattet haben, hat mich Seine Heiligkeit gebeten, Sie bei meiner monatlichen Audienz mitzubringen.

HARRER
Ich bin zutiefst geehrt und bewegt.

MUTTER
Das sollten Sie auch.

TOR ZUM POTALA – TAG
Sich immer ein paar Schritte hinter der Mutter des Dalai Lama haltend, nähert sich Harrer dem streng bewachten Tor. Ohne Verzögerung wird das Tor geöffnet, und die Garde der Tsingags und Leibwächter, die den Zugang flankieren, verneigt sich ehrerbietig vor der Heiligen Mutter.

EINGANGSTREPPE DES POTALA – TAG
Harrer und die Heilige Mutter steigen die lange Treppenflucht hinauf.

GÄNGE DES POTALA – TAG
Harrer und die Heilige Mutter werden von Mönchen durch ein düsteres Labyrinth von Gängen geführt, die nur vom schwachen Schein der Butterlampen beleuchtet sind. Ein Mönch öffnet eine Tür, und weiches Licht verbreitet sich im Raum.

EMPFANGSSAAL – TAG
Sie betreten einen weiträumigen Saal; die Wände sind mit Thankas behängt, die den ganzen Pantheon der Buddhas und Bodhisattvas zeigen. Der Blick wird von einem in der Mitte des Raums zur Schau gestellten, juwelenbesetzten Kunstwerk angezogen, das eine tiefe, heitere Ruhe ausstrahlt: eine Statue des Avalokiteshvara, des tausendarmigen Bodhisattva des liebenden Mitleids. Ein Mönch führt sie zum offiziellen Audienzsaal des Dalai Lama. Die Heilige Mutter gibt Harrer eine kostbare seidene *khata*. Nervös hält er sie in beiden Händen, krampfhaft

bemüht, sie nicht fallen zu lassen. Die Tür geht auf, und sie werden in den Saal geschoben.

AUDIENZSAAL – TAG

Harrer betritt den Raum als erster, geht ein paar Schritte und hebt dann unwillkürlich den Blick zum erhöhten Thron des Dalai Lama. Zu seiner Verblüffung lächelt ihm der dreizehnjährige Gottkönig freudig entgegen, als wäre er ein lange entbehrter Freund. Ein Ausdruck der Überraschung und überwältigenden Freude leuchtet in Harrers Augen auf. Die beiden starren sich wie gebannt in die Augen. Zutiefst schockiert, verneigt sich die Mutter des Dalai Lama und wirft sich ehrerbietig nieder. Harrer verneigt sich nun ebenfalls pflichtschuldig. Er versucht ungeschickt, eine Prostration zustande zu bringen, stolpert dabei aber fast über seine eigenen Füße. Der Dalai Lama bricht in vergnügtes Gelächter aus.

Unter dem strengen Blick der Heiligen Mutter tritt Harrer mit gesenktem Kopf vor den Thron. Bietet die *khata* mit ausgestreckten Händen dar, weiß nicht, was er sagen soll.

> HARRER
> Hallo.

Lächelnd nimmt der Dalai Lama die *khata* entgegen. Dann tut er etwas Merkwürdiges. Er beugt sich weit über den Thronrand vor und betrachtet verwundert Harrers Blondhaar. Zupft sachte daran. Fährt mit beiden Händen hinein und zerzaust es.

> DALAI LAMA
> Goldkopf.
> *(deutet auf Harrers Arm)*
> Haben Sie auch Haare an den Armen? Und Beinen?

Bereitwillig krempelt Harrer einen Ärmel hoch und zeigt dem Dalai Lama seinen Arm. Dann schiebt er sein Hosenbein hoch.

> HARRER
> Zeigen Sie mir Ihres.

157

MUTTER
Mister Harrer.

HARRER
(dreht sich um)
Ja, Heilige Mutter?

Sie schüttelt streng den Kopf. Wie aus einem Zauberbann erwachend, dreht sich
Harrer wieder zum Dalai Lama um und verneigt sich.

HARRER
Eure Heiligkeit, es ist mir eine große Ehre, Sie kennenzulernen.

Er schickt sich an, zu seinem Platz zurückzukehren. Dann fällt ihm ein, daß er
dem Dalai Lama nicht den Rücken zuwenden darf, und zieht sich mit ungeschick-
ten Schritten rückwärts gehend zurück. Er nimmt Platz und wartet höflich, bis der
Dalai Lama das Wort an ihn richtet.
Mit ernster, drängender Stimme beginnt der Dalai Lama die Unterhaltung.

DALAI LAMA
Sehen Sie gern Filme?

HARRER
Tja … ich habe seit etwa acht Jahren keinen mehr gesehen. Aber soweit ich
mich erinnere, ja.

DALAI LAMA
Ich auch.

HARRER
Das freut mich zu hören, Eure Heiligkeit.

DALAI LAMA
Ich habe einen Filmprojektor. Und Filme. Einer handelt von Tänzerinnen, die
aus Eiern ausgebrütet werden.

Fortsetzung Seite 161

Bilder aus
Sieben Jahre in Tibet

Die folgenden Farbfotos entstanden in den argentinischen Anden und in Britisch-Kolumbien (Kanada). Sie stammen von David Appleby, Pat Morrow und Bill Kaye. Die Aufnahmen dokumentieren die Detailgenauigkeit, mit der das Produktionsteam Harrers Zeit in Tibet rekonstruierte, und zeigen wichtige Darsteller und dramatische Szenen.

*Der junge Dalai Lama, gespielt von
dem achtjährigen Sonam Wangchuk,
wird von einer Prozession durch
Lhasa begleitet.*

Heinrich Harrer, gespielt von
Brad Pitt, trifft den Leiter der
Nanga-Parbat-Expedition Peter
Aufschnaiter, gespielt von David
Thewlis, auf einem Bahnhof in
Graz, Österreich.

Basislager am »Nanga Parbat«. Die Crew bereitet im Küstengebirge von Britisch-Kolumbien eine Außenaufnahme vor. (rechts)

*Heinrich Harrer (Pitt) besteigt
den Nanga Parbat. Brad Pitt und
David Thewlis absolvierten vorher
einen Bergsteiger-Schnellkurs
bei österreichischen Experten.*

Mitglieder der Nanga-Parbat-Expedition kämpfen sich einen Berghang hinauf.
Terrain und Bedingungen in Britisch-Kolumbien waren ähnlich wie im Himalaja.

*Der junge Dalai Lama (Sonam Wangchuk) steigt während einer Prozession
in den Hof des Potala hinab.*

Der junge Dalai Lama (Sonam Wangchuk) blinzelt durch die Vor-hänge seiner Sänfte auf die Welt, die ihm nicht in die Augen sehen darf.

*Jetsun Pema, Schwester Seiner
Heiligkeit, spielt im Film ihre Mutter,
die verehrte Heilige Mutter.*

Eine Prozession wird gefilmt; Regisseur Annaud steht rechts auf einem Kamerawagen.

*David Thewlis als Peter Aufschnaiter
beim Lebensmitteleinkauf in einem
tibetischen Bazar.*

Aufschnaiter (Thewlis) und Harrer
(Pitt) zu der Zeit, als sie noch als
Bettler zu Fuß durch Tibet wanderten.

Pilger betreten Lhasa, die »Verbotene Stadt«, durch das Westtor.

Der japanische Schauspieler
Mako in der Rolle des großzügigen
tibetischen Adligen Tsarong, der den
deutschen Flüchtlingen half

Die Schneiderin Pema Dorjee aus Lhasa, die im Film später Aufschnaiter heiratet, wurde von Lhaka Tsamchoe gespielt, einer eindrucksvollen jungen Frau, die für den Tibetischen Jugendkongreß arbeitet.

Pilger versammeln sich vor dem Film-Nachbau des berühmten Jokhang-Tempels aus Lhasa.

Ein neugieriger Dalai Lama (hier gespielt von dem vierzehnjährigen Jamyang Wangchuk) bei seinem ersten Treffen mit dem »Goldkopf« Harrer

Brad Pitt als Harrer freut sich über die Fertigstellung des Kinosaales, den er für den Dalai Lama baute.

*Tibetische Mönche – die im Film
sich selbst spielen – vor einer
Butterskulptur, einer traditionellen
Kunstform, die die fließende
Natur der Existenz symbolisiert.*

*Ngawang Jigme, gespielt von B.D.
Wong, überquert eine behelfsmäßige
Landebahn bei Lhasa, um die
chinesischen Generäle zu begrüßen.*

Beim Betreten des Jokhang laufen
die chinesischen Generäle mutwillig
durch ein Mandala, das von den
Mönchen in mühsamer Arbeit
angefertigt und dadurch entweiht
wurde.

Der Dalai Lama (Jamyang) spricht
zu den chinesischen Generälen.

In dieser Szene werden die tibetischen Führer gezwungen, die Kapitulation vor den chinesischen Invasionstruppen zu unterzeichnen.

B.D. Wong als Ngawang blickt
aus dem Fenster der chinesischen
Mission in Lhasa.

Chinesische Generäle betreten den Jokhang.

*Harrer (Pitt) und der Dalai Lama (Jamyang) verabschieden sich
auf dem Dach des Potala.*

Harrer (Pitt) empfängt den Segen
von seinem jungen Freund.

*Harrer (Pitt) verläßt Lhasa
durch das Westtor.*

HARRER
Das klingt ein bißchen gewagt.
(die Mutter räuspert sich)
Es klingt pädagogisch wertvoll, Eure Heiligkeit.

DALAI LAMA
Ich möchte ein Kino bauen. Hier im Potala. Mit Sitzplätzen und allem.

HARRER
Sitzplätze wären zu empfehlen.

DALAI LAMA
Können Sie es bauen?

HARRER
Wie bitte?

DALAI LAMA
Können Sie ein Kino für mich bauen? Meine Lehrer können nichts dagegen haben, und Sie werden gut dafür bezahlt.

Die Mutter runzelt mißbilligend die Stirn. Sie hört zum ersten Mal von diesem Vorhaben. Ein wahrer Wasserfall von Worten ergießt sich jetzt über die Lippen des Dalai Lama, er möchte unbedingt alles auf einmal sagen.

DALAI LAMA
Und Sie müssen jeden Tag kommen und daran bauen. Ausnahmslos jeden Tag. Und wenn Sie hier sind, werden Sie mich besuchen. Wir können uns unterhalten. Über viele Themen. Ich möchte viel über die Welt lernen, aus der Sie kommen.
(atemlos)
Zum Beispiel ... wo liegt Paris, Frankreich? Und was ist ein Molotow-Cocktail? Und wer ist Jack the Ripper?

MUTTER
Kundün ...

161

Als ihr bewußt wird, daß sie gerade ihren Sohn unterbrochen hat, beißt sie sich auf die Zunge. Der Dalai Lama weiß, daß er sich auf dünnes Eis begibt, aber er ist fest entschlossen, seinen Kopf durchzusetzen.

DALAI LAMA
Sie können mir so viele Dinge erklären.

Harrer faltet die Hände und verneigt sich. Dann wirft er dem Dalai Lama verstohlen einen bewundernden Blick zu.

HARRER
Ich bin stolz, Euch zu Diensten sein zu können, Eure Heiligkeit.

WIESE AM SEE – TAG
Ein Spaten bohrt sich in die Erde, katapultiert Lehmschollen durch die Luft. Auf einer Baustelle am See hinter dem Potala heben zwanzig tibetische Kulis unter Harrers Anleitung im Schweiße ihres Angesichts eine Baugrube für das Kino aus. Mit jeder Schaufel Erde, die sie ausheben, macht sich größere Unruhe unter den Kulis breit. Schließlich fallen sie auf die Knie und schluchzen in tiefer Seelenqual.

KULIS
Würmer!

Verständnislos sieht Harrer zu, wie die schluchzenden Kulis die Würmer sachte von ihren Spaten picken und in sicherer Entfernung auf die Erde legen. Der Vorarbeiter – ein liebenswürdiger junger Mann mit einem schmalen, empfindsamen Gesicht – Tenzin – sucht in der Erde nach weiteren Würmern.

TENZIN
Kein Stören der Würmer mehr.

Liebevoll setzt er einen Wurm auf die Erde, dann blickt er zu Harrer auf, der zu einer Strafpredigt ansetzt.

TENZIN
In einem früheren Leben könnte diese unschuldige Kreatur Ihre Mutter gewesen sein.

AUDIENZSAAL DES DALAI LAMA – TAG

Der Dalai Lama sitzt auf seinem Thron und bricht in lautes Gelächter aus, als Harrer ihm ungläubig von dem Zwischenfall mit den Würmern berichtet.

> DALAI LAMA
> Aber verstehen Sie, die Tibeter glauben, daß jedes Lebewesen in einem früheren Leben einmal ihre Mutter war. Darum müssen wir sie mit Achtung behandeln und ihre Güte erwidern.
> *(wird ernst)*
> Wir dürfen keinem lebendigen Wesen ein Leid zufügen. Man kann von gläubigen Menschen nicht verlangen, daß sie sich über die heiligen Lehren hinwegsetzen.

HARRER
Aber Eure Heiligkeit, bei allem gebührenden Respekt, Sie wollen doch, daß das Kino noch in diesem Leben fertig wird, oder? Wir haben keine Zeit, jeden Wurm in der Erde in Sicherheit zu bringen.

DALAI LAMA
Sie sind ein kluger Kopf. Überlegen Sie sich eine Lösung. Und in der Zwischenzeit können Sie mir erklären – was ein Aufzug ist.

WIESE AM SEE – TAG
Für das Wurmproblem ist eine Lösung gefunden: Während die Kulis mit dem Bau des Kinos beschäftigt sind, tragen Mönche unter eintönigem Beten behutsam alle Insekten und Würmer aus dem Gefahrenbereich hinaus in sicheres Gelände, so daß die Kulis ohne weitere Unterbrechungen ihre Arbeit verrichten können. Die ganze Baustelle ist von einer Atmosphäre ausgelassener Fröhlichkeit erfüllt.

ZIMMER – TAG
Naheinstellung einer riesigen, handgezeichneten Weltkarte. Mit Bildern von Pflanzen, Tieren und geologischen Besonderheiten der einzelnen Länder. Eine Hand mit einem Buntstift hält über der Antarktis inne.

DALAI LAMA (aus dem Off)
Was für Tiere leben in der Antarktis?

VERGLASTER ANBAU AUF DEM DACH DES POTALA – TAG
Durch die Glaswände eines kleinen Anbaus auf dem Dach des Potala sehen wir den Dalai Lama und Harrer, über eine Karte gebeugt, welche die gesamte Bodenfläche des Raums ausfüllt.

HARRER
Sehr kalte Tiere.

LAGERRAUM AUF DEM DACHBODEN DES POTALA — TAG

In einem Lagerraum, randvoll mit kostbaren Geschenken, ist ein verrosteter Austin-Healy auf Backsteinen aufgebockt. Harrer auf dem Beifahrersitz bringt dem Dalai Lama das Fahren bei; zeigt ihm, wie man den Schaltknüppel bedient, den Blinker setzt, den Rückspiegel richtig einstellt. Als der Dalai Lama schwungvoll am Lenkrad dreht, schlägt Harrer die Hände vors Gesicht, und beide schreien in gespieltem Entsetzen auf.

UFER DES KYITSCHU — TAG

Hunderte von exotischen, leuchtend bunten Drachen tanzen in der Luft. Auf einer Wiese am Fluß amüsieren sich tibetische Kinder und Erwachsene mit einem typischen Zeitvertreib: Sie lassen Drachen steigen und picknicken.
Die Wiese ist mit Zelten übersät – viele davon sind mit großen kunstvoll aufgenähten Emblemen geschmückt.
Mönche, Adlige und gewöhnliche Bürger bilden ein fröhliches Gemisch, picknicken und amüsieren sich im Sonnenschein. Am Flußufer spielen Musiker traditionelle tibetische Volkslieder, ein paar Leute tanzen. Beim Klang eines Horns brechen die Menschen ihre Spiele und Belustigungen abrupt ab. In steifer Habachtstellung blicken sie den Barken entgegen, in denen sich der Regent und die Kabinettsminister nähern, von Dienern mit großen Schirmen vor der Sonne geschützt. Die Menschen, die das Ufer säumen, verneigen sich, als der Regent aus seinem Boot steigt und zum größten Zelt auf der Wiese geführt wird.

ZELT — TAG

Vor einem verschwenderisch verzierten Zelt hat Ngawang Dschigme ein Picknick für Gäste auftragen lassen. Er trägt jetzt anstelle des schlichten braunen Tuchs vornehme Brokatgewänder. Unter den Gästen – Tsarong, Pema, Aufschnaiter, Harrer und zwei Mönche. Am Kopfende des Tischs unterhält sich Ngawang mit Aufschnaiter.

AUFSCHNAITER
(kommentiert spöttisch Ngawangs neues Seidengewand)
Die Ministerrobe ist wesentlich eleganter als Ihr altes braunes Gewand, was?

165

(lächelt)

Sie müssen sehr klug sein, daß man Sie so hoch befördert.

Ngawang bedenkt ihn mit seinem üblichen rätselhaften, ausweichenden Lächeln.

NGAWANG
Ich hatte nie die Absicht, für immer Sekretär zu bleiben.

HARRERS SCHLAFZIMMER — NACHT
Harrer schreckt aus dem Schlaf hoch, setzt sich mit einem Ruck im Bett auf. Vor seinem Fenster hört er Händeklatschen und Zischen. Er schlüpft aus dem Bett, geht leise zur Tür und wirft einen verstohlenen Blick nach draußen.

STRASSE — NACHT
Eine Schar aufgeregter Stadtbewohner deutet zum Himmel; die Menschen klatschen in die Hände und zischen. Eine abgehärmte Frau entdeckt Harrer und murmelt verzweifelt vor sich hin.

ABGEHÄRMTE FRAU
Böses Omen … böses Omen …

Harrer blickt zum Himmel.

SUBJEKTIVE — HIMMEL
Am Himmel zeichnet sich ein Komet mit hell leuchtendem Schweif ab.

TSARONGS ARBEITSZIMMER — TAG
Durch das Fenster sehen wir Taschi und andere Bedienstete des Hauses, die sich im Garten versammelt haben und zum Himmel deuten. Selbst am Tag hebt sich der Komet leuchtend vom klaren Blau des Himmels ab. Tsarong sitzt an seinem Schreibtisch und lauscht bleich und mit sorgenvoller Miene den Nachrichten im Radio.

NACHRICHTENSPRECHER (aus dem Off)
… Von seinem Hauptquartier in Peking aus hat Mao Tse-tung die triumphale

Gründung der Volksrepublik China verkündet und sich selbst als Vorsitzender der Zentralen Volksregierung an die Spitze des neuen Staates gestellt …

AUFSCHNAITERS HAUS — TAG

Während Pema in der Tür steht und zu dem Kometen aufblickt, hört Aufschnaiter die Nachrichten im Radio.

NACHRICHTENSPRECHER (aus dem Off)
… Der Vorsitzende Mao bezeichnet die Wiedervereinigung des chinesischen Mutterlandes als erstes Ziel der kommunistischen Regierung.

HARRERS VERANDA — TAG

Harrer pflanzt Geranien in Blechdosen ein; er ist ganz in seine Arbeit vertieft und reagiert nicht auf die Radionachrichten, die aus dem Innern des Hauses zu ihm herausdringen.

NACHRICHTENSPRECHER (aus dem Off)
Er erklärte, das abgeschiedene Königreich Tibet sei ein untrennbarer Bestandteil des chinesischen Territoriums …

KABINETTSAAL — TAG

Das Kabinett hat sich zu einer Krisensitzung versammelt. Die Kamera schwenkt über die Gesichter der Kabinettsminister. Diese lauschen einem Sekretär, der gerade die letzten Worte der Nachrichten verliest. Verharrt bei Ngawang Dschigme, der wie alle anderen Kabinettsminister in prachtvollen Brokat gekleidet ist.

SEKRETÄR
»… und muß sich unserer großen neuen Republik anschließen.«

Von seinem Thron herunter richtet der Regent mit zorniger Stimme das Wort an die Anwesenden.

REGENT
Wir geben der Volksrepublik China zur Kenntnis: Die Regierung von Tibet erkennt keinen fremden Herrscher an. Wir sind eine unabhängige Nation.

(blickt in die Ministerrunde)
Des weiteren geben wir ihr zur Kenntnis, daß alle chinesischen Beamten des Landes verwiesen werden.

Alle Minister nicken zustimmend. Mit einer Ausnahme: Ngawang Dschigme. Als der Regent direkt auf ihn heruntersieht, erwidert er den Blick mit aufreizend undurchdringlicher Miene und verweigert dem Ranghöheren das geforderte Zeichen der Zustimmung.

CHINESISCHE GESANDTSCHAFT – TAG
In der Nähe der chinesischen Gesandtschaft spielt eine Kapelle. Unter einem Baldachin wird Tee serviert. Die versammelten Diplomaten und chinesischen Beamten sind durch die verschwenderischen Beweise des traditionellen tibetischen Abschiedszeremoniells nicht aus ihrer bedrückten, düsteren Stimmung zu reißen. Die Kabinettsminister gehen den Zeremonien mit mechanischer Korrektheit nach, nur Ngawang gibt sich bewußt Mühe, versöhnlich zu wirken. Während er an der Reihe der Diplomaten vorbeidefiliert und jedem eine *khata* zum Geschenk macht, murmelt er leise Worte.

NGAWANG
Mögen dir Glück und Wohlstand beschieden sein.

Beim Amban angelangt, bietet er auch diesem eine *khata* an. Während er ihm den weißen Schal um den Hals legt, murmelt er dieselben Worte.

NGAWANG
Mögen dir Glück und Wohlstand beschieden sein.

Der Gesandte nickt und ergreift Ngawangs Hand. Er dreht sie um und studiert aufmerksam die Handfläche. Folgt mit dem Finger einer Handlinie.

AMBAN
Sie haben eine lange Lebenslinie, Ngawang Dschigme. Im Gegensatz zu vielen anderen hier.

Ngawang zieht seine Hand heftig zurück.

CHINESISCHE GESANDTSCHAFT — SPÄTER

Ngawang steht allein vor der chinesischen Gesandtschaft und sieht zu, wie Arbeiter die chinesische Flagge einholen und Türen und Fenster mit Brettern vernageln. Auf dem Dach ragt die inzwischen fertiggestellte Antenne hoch auf. Schließlich starrt Ngawang seine kalte, zitternde Hand an, wischt die Handfläche am Ärmel ab und geht davon.

BAUSTELLE — TAG

Harrer schuftet zusammen mit dem Bautrupp; der Kinobau ist weit fortgeschritten.

RAUM IM POTALA — TAG

In einem Raum des Potala, von dem aus man die Baustelle überblickt, intoniert der Dalai Lama gemeinsam mit seinen Lehrern Gebete, ihre Stimmen heben und senken sich in einem gleichbleibenden, hypnotischen Rhythmus. Mitten im Gebet blickt der Dalai Lama durch das offene Fenster auf Harrer hinunter, der mit dem Kinobau beschäftigt ist, und lächelt in sich hinein. Trijang Rimpoche erhebt sich ruhig und schließt die Fensterläden.

FLUSSUFER — TAG

Ein kleiner Thron steht verlassen auf einem kostbaren chinesischen Teppich. Der Dalai Lama sitzt mit untergeschlagenen Beinen neben Harrer, der einen Globus vor einer Butterlampe dreht. Der Schein der Lampe beleuchtet eine Seite des Globus.

> HARRER
> Wenn du auf der beleuchteten Seite bist, ist es Tag. Wenn du auf der Schattenseite bist, ist es Nacht. Wenn also in Lhasa die Sonne aufgeht, geht sie im fernen Westen, in New York City beispielsweise, gerade unter. Aus diesem Grund haben wir nicht überall dieselbe Tageszeit.
> *(eifrig)*
> Beantwortet das Ihre Frage?

Der Dalai Lama nickt. In diesem Augenblick entdeckt er den Küchenmeister mit unbewegtem Gesicht herannahen und springt behende auf seinen Thron. Niemand spricht, während der Meister dem Dalai Lama Buttertee serviert und dabei den Mund mit einer Hand bedeckt hält, damit sein Atem nicht das Getränk streift. Dann entfernt er sich rückwärts gehend. Sobald er verschwunden ist, klettert der Dalai Lama vom Thron herunter und greift impulsiv nach Harrers Hand.

DALAI LAMA
Erzählen Sie mehr, erzählen Sie mehr.

Harrer strahlt vor Glück, als er so die Hand des Jungen in der seinen hält.

HARRER
Was möchten Sie wissen?

LAGERRAUM AUF DEM DACHBODEN DES POTALA – TAG
In einem düsteren verborgenen Winkel repariert Harrer im Schein einer Taschenlampe, die der Dalai Lama für ihn hält, ein Radio. Er befestigt Drähte von einer großen tragbaren Batterie auf der Rückseite des Geräts.

HARRER
In wenigen Minuten werden Sie in der Welt der Massenmedien Einzug halten, Eure Heiligkeit.

DALAI LAMA
Und dann kann ich Nachrichten aus der ganzen Welt hören?

HARRER
Ich weiß nicht, ob es Nachrichtensendungen von den Tonga-Inseln gibt, aber allgemein gesprochen, ja.

DALAI LAMA
Hören Sie Nachrichten aus Ihrem Heimatland?

HARRER
(eingehend mit dem Radio beschäftigt)

170

Aus Österreich? Nicht sehr oft. Leuchten Sie mal hier drüben.

Er deutet auf die Seite des Radios, und der Dalai Lama hält die Lampe in die angegebene Richtung.

DALAI LAMA
Warum nicht? Es ist Ihre Heimat.

HARRER
Nicht mehr.

DALAI LAMA
Aber haben Sie nicht Freunde und Familie dort?

Der Dalai Lama ist so fasziniert, daß er sich ständig umdreht, so daß das Licht hin und her zuckt.

HARRER
Ein paar Freunde. Keine Familie. Halten Sie die Lampe ruhig, Eure Heiligkeit.

DALAI LAMA
Warum? Sind alle tot?

HARRER
(spöttisch)
Wissen Sie eigentlich, daß es noch andere grammatikalische Konstruktionen als Fragesätze gibt? Vielleicht versuchen Sie es gelegentlich mal.
(wendet sich wieder dem Radio zu)
Ich war verheiratet. Aber ich bin geschieden.

DALAI LAMA
Was haben Sie getan?

Harrer beugt sich tief über seine Arbeit und tut sehr beschäftigt, damit der Dalai Lama sein Gesicht nicht sehen kann. Aber er bringt es nicht über sich, ihn zu belügen.

HARRER
Ich wollte kein Kind haben. Darum bin ich weggelaufen und habe einen Berg
bestiegen.

Der Dalai Lama ist schockiert.

DALAI LAMA
Sie haben ein Kind, Henrig?

HARRER
Ja, aber ich habe es noch nie gesehen.

Zu seiner großen Erleichterung funktioniert in diesem Augenblick das Radio, und
lautes atmosphärisches Knistern dringt aus dem Kasten. Erpicht darauf, das
Thema zu wechseln, wendet er sich an den Dalai Lama.

HARRER
So. Jetzt zeige ich Ihnen, wie das Ding funktioniert.

BAUSTELLE — TAG
Lange Elektrokabel winden sich von der offenstehenden Eingangstür des Kinos zu
dem Austin-Healy, der in einem Schuppen neben dem Kino thront. Harrer steht über
den Motorraum gebeugt und klemmt Ladegeräte an der Batterie fest, dann ruft er.

HARRER
Jetzt. Gib ihm vollen Stoff, Tenzin.

Auf dem Fahrersitz des Jeeps jagt Tenzin die Maschine auf Hochtouren. An den
Elektrokabeln entlang spurtet Harrer zum Kino hinüber.

KINO — TAG
Die Kabel sind mit einem Projektor in einem verglasten Vorführraum verbunden.
Harrer kippt einen Schalter, und der Projektor wirft einen scharf begrenzten Lichtstrahl durch den Raum. Die Kulis am Eingang kommen herbeigerannt und versuchen übermütig, den Lichtstrahl mit den Händen zu fassen.

HARRERS HAUS — ABEND

Unter einer handgefertigten Lichterkette vor Harrers Haus marschiert eine Schar bekannter Gestalten auf die Eingangstür zu: Ngawang, Tsarong, Taschi, Pema, Aufschnaiter, der Küchenmeister, Tenzin und die Männer, die beim Bau des Kinos geholfen haben.

HARRERS WOHNZIMMER — ABEND

Mit liebevoller Sorgfalt ist der Raum für die Weihnachtsfeier geschmückt worden – ein im Kerzenlicht strahlender Baum, immergrüne Zweige, Gabenstrümpfe. Und ein Mönchsquartett, das auf Oboen und Flöten eine schiefe Version von »Stille Nacht« zum besten gibt. An der Tür begrüßt Harrer seine Gäste und drückt jedem ein in Geschenkpapier gewickeltes Päckchen in die Hand.

HARRER
Frohe Weihnachten.

Freudig überrascht, tritt Aufschnaiter in der Reihe der Gäste heran. Harrer reicht ihm ein kleines Geschenkpäckchen.

HARRER
Frohe Weihnachten, Peter.

HOF HINTER HARRERS HAUS — NACHT

Zu munteren Big-Band-Klängen drehen sich die tibetischen Honoratioren in einer grotesken Persiflage von Swing in Harrers Hof. Es ist ein rauschendes, fröhliches Fest.

WOHNZIMMER — NACHT

Aufschnaiter sitzt allein an einem Tisch, auf dem noch die Reste eines Festmahls stehen. Er blickt auf das Geschenkpäckchen hinunter, das er in den Händen hält. Packt es aus. In der Schachtel liegt eine Uhr, die ihm bekannt vorkommt. Sprachlos vor Rührung, hält Aufschnaiter die Uhr hoch und betrachtet die Gravur auf der Rückseite. Die Gravur lautet: »Für Peter von Vater. Mont Blanc – 4. Mai 1932«. Dann liest Aufschnaiter die Karte, die dem Geschenk beigelegt ist.

Naheinstellung: »Ich habe sie in einem Geschäft am Barkhor entdeckt. Sie ist weit gereist und schließlich nach Hause zurückgekehrt. Danke für Deine Freundschaft. Heinrich.«

HOF – NACHT

Aufschnaiter tritt auf die Veranda, die zum Hof hinunter führt. Sieht Harrer im Hof zwischen der Menge, hebt die Hand und deutet auf die Uhr an seinem Handgelenk. Während Aufschnaiter die Stufen der Veranda hinuntersteigt, bahnt sich Harrer einen Weg durch das Gewimmel der Tanzenden. Am Fuß der Treppe treffen sie aufeinander.

AUFSCHNAITER
Es ist ... unglaublich.
(schweigt einen Moment lang bewegt)
Danke, daß du mir das Leben gerettet hast.

Die beiden Freunde umarmen sich. In diesem Augenblick stößt jemand gegen das Radio, und ein anderer Sender stellt sich ein. Alle Anwesenden fahren zusammen beim Klang einer schrillen Chinesenstimme, die aus dem Radio plärrt.

CHINESENSTIMME (aus dem Off)
Der Dalai Lama ist ein Wolf im Mönchsgewand! Tibet muß von religiösen Tyrannen befreit werden!

Düsteres Schweigen senkt sich über die Festgesellschaft. Harrer hebt den Kopf und ruft laut in den Hof.

HARRER
Stellt das ab ...

CHINESENSTIMME (aus dem Off)
Tibet muß von imperialistischen Fremden befreit werden! Sie beherrschen Tibets korrupte Regierung!

TSARONG
(tritt aus der Menge heraus)

174

Du und Peter, ihr seid die einzigen Fremden in unserem Land.

Die Radiostimme quäkt weiter.

CHINESENSTIMME (aus dem Off)
Tibet muß befreit werden. Das ist das Ziel der Volksbefreiungsarmee für das nächste Jahr! Tibet muß befreit werden!

TIBETISCHES DORF – SPÄTNACHMITTAG
Soldaten der Volksbefreiungsarmee zerren einen schreienden jungen Mönch und einen alten Lama auf die Straße hinaus. Sie drücken dem Mönch mit Gewalt ein Gewehr in die Hände und fordern ihn auf, seinen Lehrer zu erschießen. Schluchzend wirft sich der Mönch seinem Lama vor die Füße. Die Soldaten traktieren ihn mit Fußtritten.
Ein nahgelegenes Kloster wird von Soldaten verwüstet. Sie verbrennen heilige Schriften. Ein fanatischer chinesischer Soldat leert das Magazin seines Gewehrs in den Kopf einer Buddhastatue, schlägt den Kopf Avalokiteshvaras mit einem Säbel herunter.
Draußen auf der Straße wird der blutüberströmte junge Mönch von Soldaten hochgezerrt. Sie rammen ihm das Gewehr in die Hände und befehlen ihm zu schießen. Ruhig heftet der Lama seinen unerschütterlichen, mitleidigen Blick auf seinen Schüler, gibt ihm schweigend die Erlaubnis zu schießen. Der völlig aufgelöste Mönch hebt das Gewehr zum Schuß ...

SCHLAFZIMMER DES DALAI LAMA – NACHT
Der Dalai Lama wacht mit einem lauten Schrei auf.

VORZIMMER DER SCHLAFGEMÄCHER DES DALAI LAMA – NACHT
Harrer wird von dem freundlichen alten Palastkehrer in den Raum geschoben.

PALASTKEHRER
Er hat nach Ihnen verlangt, Mister Henrig.

Er deutet auf die Tür, die in das Schlafzimmer des Dalai Lama führt. Harrer öffnet die Tür und tritt ein.

SCHLAFZIMMER DES DALAI LAMA – NACHT

Der Dalai Lama sitzt auf der Bettkante und schluchzt haltlos. Harrer steht verlegen vor ihm, er weiß nicht recht, ob er sich auf das Bett des Dalai Lama setzen soll oder nicht.

DALAI LAMA
Sie haben das Dorf verwüstet, in dem ich geboren bin – Takster. In Amdo. Es war entsetzlich.

HARRER
Du hattest einen schlimmen Traum, Kundün. Es war nur ein Traum.

DALAI LAMA
Aber er war so real. Woher ist er gekommen?

Diesmal hat Harrer keine Antwort auf seine Frage.

DALAI LAMA
Nie könnte meine Phantasie so schreckliche Dinge erfinden.

In diesem Augenblick pfeift Harrer auf jedes Protokoll. Er setzt sich neben den Dalai Lama und nimmt den Jungen fest in seine Arme.

VORZIMMER DER SCHLAFGEMÄCHER DES DALAI LAMA – NACHT

Unfähig, ein Auge zuzutun, starrt Harrer hinaus auf die schneebedeckten Gipfel des Himalaja, die milchig weiß in der Dunkelheit schimmern.
Harrer hört, wie die Tür geöffnet wird. Er hebt den Kopf und erblickt den Dalai Lama, der den Raum betritt und sich zu Harrer setzt.

DALAI LAMA
Ich kann nicht schlafen. Ich habe Angst, daß der Traum wiederkommt.

HARRER
Wir könnten eine Schlafwandler-Schlummerparty veranstalten.

DALAI LAMA
Erzähl mir eine Geschichte, Henrig.

176

(blickt zu den Bergen hinaus)
Erzähl mir eine Geschichte über das Bergsteigen.

HARRER
Auch eine Methode, um einzuschlafen. Diese Geschichten öden sogar mich an.

DALAI LAMA
Dann erzähl mir, was dir daran gefällt.

Darauf war Harrer nicht vorbereitet.

HARRER
Was mir daran …?

Er denkt einen Augenblick nach.

HARRER
Die absolute Einfachheit. Das gefällt mir daran.
(schweigt einen Moment)
Du hast ein Ziel. Dein Geist ist klar. Und ruhig. Plötzlich wird das Licht schärfer. Geräusche werden voller. Du fühlst nichts als die tiefe, kraftvolle Gegenwart des Lebens.
(schweigt einen Moment verlegen)
Ich habe dieses Gefühl sonst nur noch bei einer Gelegenheit gehabt.

DALAI LAMA
Wann?

Harrer blickt ihm fest in die Augen.

HARRER
In deiner Gegenwart, Kundün.

REGIERUNGSRÄUME IM POTALA – TAG
Im Regierungstrakt des Potala herrscht eine Stimmung mühsam unterdrückter Hysterie. Tsarong und Harrer eilen in einer Mission durch den katakombenartig angelegten Regierungstrakt.

TSARONG
Die Chinesen kontrollieren bereits einen großen Teil der nördlichen Grenzgebiete. Sie haben ein Dorf geplündert und ein Kloster verwüstet, heilige Schriften verbrannt und Reliquien entweiht. Es heißt, sie haben sogar ein paar Mönche umgebracht.

Harrer verlangsamt den Schritt, ihm wird eiskalt ums Herz …

HARRER
Welches Dorf?

TSARONG
Takster. In Amdo. Dort ist Seine Heiligkeit geboren.

Harrer braucht einen Moment, um das Gehörte zu verdauen, er bleibt ein Stück hinter Tsarong zurück. Vor dem Kabinettsaal wartet Aufschnaiter auf sie. Er begrüßt Tsarong, der sich zu Harrer umdreht und ihm ein Zeichen gibt, sich zu beeilen. Wie im Traum folgt Harrer den beiden Männern in den Kabinettsaal.

KABINETTSAAL – TAG

Der Regent wirkt eingefallen, alle kämpferische Kraft ist von ihm gewichen. Er nickt Harrer und Aufschnaiter dumpf zu, dann wendet er sich an Tsarong.

REGENT
Kungo Tsarong, in Ihrer Amtszeit als Verteidigungsminister des letzten Dalai Lama …

Harrer wird blaß vor Staunen über diese Neuigkeit – wirft einen raschen Blick zu Aufschnaiter hinüber, der davon offensichtlich ebensowenig Ahnung hatte wie er. Der Regent spürt ihre Überraschung.

REGENT
Er brüstet sich nicht mit seinen Leistungen.
(wieder an Tsarong gewandt)
Sie wollten die Armee neu strukturieren. Können Sie es jetzt tun? Ich werde Sie wieder zum Minister ernennen.

TSARONG
Die Truppen der Volksbefreiungsarmee sind eine Million Mann stark, Rimpoche. Wir sind achttausend Männer. Mit fünfzig Stück Artillerie und einigen hundert Granatwerfern und Maschinengewehren. Die Sache ist hoffnungslos.

REGENT
Dann lehnen Sie das Amt also ab?

TSARONG
Nein, Rimpoche. Es ist mir eine Ehre, es anzunehmen.

Der Regent wendet traurig bittend den Blick an Harrer und Aufschnaiter.

REGENT

Sie beide kennen sich mit Kriegen aus. Welche Waffengattungen empfehlen Sie?

Harrer und Aufschnaiter wissen nicht, ob sie angesichts der furchtbaren Sinnlosigkeit dieser Frage lachen oder weinen sollen.

HOF DES POTALA – TAG

Harrer eilt die Haupttreppe hinunter in den großen Innenhof des Potala und trifft auf eine von Chaos und Verwirrung beherrschte Szenerie. Hektisch werden Kisten mit Waffen und Munition in den Potala geschleppt, Minister stehen in einem Grüppchen dabei und beobachten nervös das Geschehen. Unter ihnen ist Ngawang. Sämtliche Minister wenden sich dem herbeieilenden Harrer zu.

HARRER

Was geht hier vor?

NGAWANG

Wir haben erfahren, daß die chinesischen Truppen an der nördlichen Grenze des Landes aufmarschieren.

HARRER
(niedergeschlagen)

Wo ist Seine Heiligkeit?

Ngawang deutet zum Kinogebäude auf dem Wiesengelände hinüber.

KINO – TAG

Der Dalai Lama sitzt allein im Kino und sieht sich einen Dokumentarfilm über die Krönung König Georgs VI. an. Harrer schleicht auf Zehenspitzen herein und nimmt hinter dem Dalai Lama Platz. Schweigend starren die beiden auf die flimmernde Leinwand. Dann spricht der Dalai Lama, ohne sich zu Harrer umzudrehen, mit leiser, kummervoller Stimme.

DALAI LAMA
Glaubst du, daß die Menschen sich eines Tages einen Film über Tibet ansehen und sich fragen werden, was aus uns geworden ist?

HARRER
Ich weiß es nicht.

Der Dalai Lama dreht sich zu Harrer um. Sie wechseln einen Blick voll tiefer gegenseitiger Hochachtung.

DALAI LAMA
Hast du nicht auf alles eine Antwort, Henrig?

HARRER
Nein, Kundün, das habe ich nicht.

FELD VOR DEN TOREN VON LHASA – TAG
Ein Yakgespann zieht einen altertümlichen Pflug durch die ausgetrocknete Erde des Feldes.
Das Bild ist mit Harrers Erzählung untermalt.

HARRER (aus dem Off)
Auf demselben Feld, auf dem sich die Tibeter von altersher zum Picknick versammeln, wurde der Boden für eine Landebahn gerodet ... damit ein Flugzeug mit zwei chinesischen Generälen hier landen konnte.

Auf einem freien Platz in der Nähe laden Harrer und Aufschnaiter Kisten ab und verteilen neue Gewehre an das zusammengewürfelte Häuflein Soldaten. Viele der Soldaten tragen Kettenpanzer und sind mit alten Musketen bewaffnet. Es sind Nomaden und Bauern darunter, die nicht die geringste Kampferfahrung haben. Sie wirken verloren und konfus.

HARRER (aus dem Off)
In der Nähe führt die tibetische Armee Übungsmanöver durch. Einige der Soldaten tragen altertümliche Kettenpanzer, ihre Bewaffnung besteht aus alten Musketen und Speeren ...

An der Spitze steht Tsarong mit zwei Heeresinstruktoren zusammen, die sich bemühen, militärische Ordnung in den Haufen zu bringen.

HARRER (aus dem Off)
Der Anblick eines friedliebenden Volkes … das sich vergeblich bemüht, ein Heer aufzustellen … die Angst vor dem Krieg in den Augen meiner Freunde …
(hält zögernd inne)
Das alles hat eine tief in mir verborgene persönliche Saite angerührt.

Naheinstellung vom Gesicht Harrers, der alles, was um ihn herum vorgeht, aufmerksam beobachtet.

HARRER (aus dem Off)
Das Echo der Aggressionen meines eigenen Landes, der Bereitschaft, schwächere Völker zu unterwerfen … erfüllt mich mit tiefer Scham. Ich schaudere bei der Erinnerung daran, daß ich selbst einmal, vor langer Zeit, derselben Überzeugung anhing. Daß ich damals nicht anders war als diese intoleranten Chinesen.

TREPPE UND HOF DES POTALA – TAG
In ihre prachtvollen Zeremoniengewänder gekleidet, vollführen Mönche lamaistische Tänze. Höfe und Gärten des Palasts sind voller Zeichen religiösen Eifers – Gebetsmühlen kreisen, Weihrauch schwängert die Luft, Mantras unterbrechen die Stille.

HARRER (aus dem Off)
Die Tibeter sagen, daß der Feind der beste Lehrer ist, weil wir nur durch einen Feind Geduld und Mitgefühl lernen können. Sie glauben felsenfest daran, daß die Kraft ihrer Religion sie vor den Chinesen schützen wird.

Naheinstellung von hoch aufragenden, kunstvoll aus Butter geformten Statuen. Die Schutzgottheiten, die sie darstellen, schmelzen langsam in der Sonne.

HARRER (aus dem Off)
In Vorbereitung auf den Besuch der Generäle finden überall in Lhasa religiöse Zeremonien statt. Mit äußerster Sorgfalt haben die Menschen Götterstatuen aus Butter geformt. Indem sie in der Sonne schmelzen, werden sie zum Mahnmal der Vergänglichkeit aller Dinge.

Die tibetische Flagge mit ihren stolzen Schneelöwen und der strahlenden Sonne wird an einer Fahnenstange aufgezogen. An einer zweiten Fahnenstange steigt die blutrote Flagge Chinas mit den halbmondförmig angeordneten gelben Sternen gen Himmel.

> HARRER (aus dem Off)
> Der aufsteigende Stern im Kabinett, Minister Ngawang Dschigme, hat sich erboten, die chinesischen Generäle persönlich zu begrüßen und durch Lhasa zu führen.

Soldaten der tibetischen Armee bilden in starrer militärischer Haltung ein Spalier an der fertiggestellten Landebahn. In ihrer Nähe haben die Kabinettsminister in ihren kostbaren Brokatgewändern Aufstellung genommen. Ngawang steht bei den Fahnenstangen und sieht zu, wie die beiden Flaggen gleichzeitig in die Höhe schweben. Harrer tritt neben Ngawang.

> HARRER
> Ihre Flagge zu hissen ist eine Ehre, die sie nicht verdienen, Ngawang.

Als Ngawang antwortet, ist Harrer entsetzt über den gleichgültigen und zynischen Klang seiner Stimme.

> NGAWANG
> Wenn du nicht stark genug bist, um zu kämpfen, mußt du deinen Feind umarmen. Wenn er dich mit beiden Armen umfaßt, kann er das Gewehr nicht auf dich richten.
> *(lächelt freudlos)*
> In der Politik geht es nicht um die Frage der Ehre, mein Freund.

Wenige Augenblicke später ist aus der Luft ein leises Dröhnen zu hören. Die Tibeter verrenken sich die Hälse. Bald darauf senkt sich ein Flugzeug wie eine Fata Morgana auf die mittelalterliche Szenerie dieses Landes herunter. Furchtsames Geraune und Angstschreie, als die sowjetische Transportmaschine mit dem roten Stern auf der Landebahn aufsetzt und rutschend und holpernd zum Stillstand kommt.

Harrer drängt sich durch die Zuschauermenge und entdeckt Aufschnaiter und Pema. Die beiden Österreicher haben das ungute Gefühl, etwas schon einmal Gesehenes zu erleben, als eine Treppe an das Flugzeug herangeschoben wird. Die Tür öffnet sich, und zwei chinesische Generäle in graugrüner Uniform steigen aus dem Flugzeug. Sie werden von Ngawang begrüßt. Die tibetischen Soldaten stehen in Habachtstellung, während eine Militärkapelle zu spielen beginnt.

AUFSCHNAITER
Die Geschichte wiederholt sich, sogar im Paradies.

Wie in einer Parodie des Rattenfängers von Hameln folgt eine aufgeregte Schar von Tibetern Ngawang, der die beiden Generäle durch die Straßen von Lhasa eskortiert und sie ganz im Bewußtsein seiner Wichtigkeit auf die Sehenswürdigkeiten hinweist, während sie sich dem Jokhang nähern.

Im Innern des heiligsten Tempels der Tibeter intonieren Hunderte von rotgewandeten Mönchen inbrünstig ihre Gebete. Der Tempel ist nur von Butterlampen erleuchtet; die Luft ist mit Weihrauch geschwängert. In der Mitte des Tempelraums knien Mönchskünstler auf dem Boden und formen mit äußerster Konzentration aus Farbstaub ein kunstvolles Kalachakra-*mandala* – eine Darstellung, die den fünfstöckigen Palast der Gottheit Kalachakra symbolisiert. Das *mandala* – und die Kalachakra-Initiation, die es symbolisieren soll – ist in besonderer Weise mit dem Weltfrieden verbunden.

Die chinesischen Generäle gehen mitten durch das Kunstwerk hindurch. Die entsetzten Mönche erstarren zu Salzsäulen. Alle Blicke richten sich fragend auf den Dalai Lama, der an der Stirnseite des Jokhang auf seinem hohen Thron sitzt. Er ist die Gleichmut in Person, als die Generäle zu ihm geführt und ihm vorgestellt werden. Keiner der beiden Generäle verneigt sich. Keiner bietet eine *khata* als Geschenk dar. Statt dessen wenden sie sich zu Ngawang um und beschweren sich wütend über die Kissen, die für sie auf dem Boden bereitliegen.

GENERAL TSCHANG JING-WU
Wir werden nicht niedriger sitzen als er.

NGAWANG
General Tschang Jing-wu, es ist bei uns Brauch …

DALAI LAMA
Ich kann dort unten sitzen.

Die Schar der zu Hunderten versammelten Mönche verfolgt mit ungläubigem Staunen, was nun geschieht. Der Dalai Lama erhebt sich von seinem Thron und steigt die Stufen hinab. Er nimmt auf einem Kissen Platz, so daß er den Generälen auf gleicher Höhe gegenübersitzt. Ngawang muß sich tief bücken, um die Vorstellung zu übernehmen.

NGAWANG
Eure Heiligkeit, das sind General Tschang Jing-wu und General Than Gua-san. Sie haben um eine Audienz bei Ihnen ersucht.

Der Dalai Lama faltet die Hände und neigt den Kopf.

DALAI LAMA
Mögen euch Glück und Wohlstand beschieden sein.

JOKHANG – SPÄTNACHMITTAG
Inmitten einer Menschenmenge, die dichtgedrängt vor dem schweren Tempeltor steht, warten Harrer, Aufschnaiter und Pema. Das Tor wird geöffnet und ein Mönchsbeamter streckt seinen Kopf heraus, um sie über die Vorgänge im Innern des Tempels auf dem laufenden zu halten.

MÖNCHSBEAMTER
Sie garantieren dem Land innere Verwaltungsautonomie und Religionsfreiheit, wenn Tibet die politische Führung Chinas anerkennt.

JOKHANG – SPÄTNACHMITTAG
Der Dalai Lama ergreift das Wort. Er spricht mit klarer und selbstbewußter Stimme zu den Generälen.

DALAI LAMA
Bis ich meine Mündigkeit erreicht habe, ist der Regent der politische Führer der Tibeter. Sie hätten um eine Audienz bei ihm ersuchen sollen, um diese Fragen von weltpolitischer Bedeutung mit ihm zu besprechen. Meine Erfahrung in diesen Dingen ist beschränkt.
(bescheiden)
Ich bin nur ein einfacher buddhistischer Mönch. Alles, was ich kenne, sind die Schriften und die Worte des großen Buddha. Er sagt: »Alle Kreaturen zittern im Angesicht der Gefahr und des Todes. Das Leben ist kostbar für alle. Wenn ein Mensch dies bedenkt, tötet er nicht und bewegt andere nicht zu töten.« Diese Worte, das müßt ihr wissen, sind tief im Herzen eines jeden Tibeters eingegraben. Darum sind wir ein friedliches Volk, dem prinzipiell jede Gewalt zuwider ist.

(lächelt)
Ich bete darum, daß ihr darin unsere große Stärke und nicht unsere Schwäche sehen werdet.

Die Worte des Dalai Lama haben den beiden Generälen die Sprache verschlagen.

DALAI LAMA
Ich danke euch für euren Besuch.

Er neigt sich zu einer Schale mit *Tsampa* – Gerstenmehl. Nimmt eine Prise zwischen zwei Finger und wirft das Mehl in die Luft.

DALAI LAMA
Eine Opfergabe an die Erleuchteten.

Er bedeutet ihnen, seinem Beispiel zu folgen. Beide Generäle nehmen eine Prise *Tsampa* und werfen es verächtlich auf den Boden.

JOKHANG – ABENDDÄMMERUNG
Das schwere Tor wird heftig aufgestoßen. Die draußen Wartenden und mit ihnen Harrer, Aufschnaiter und Pema müssen zurückweichen, als die Generäle Tschang Jing-wu und Than Gua-san aus dem Tempel stürmen.

GENERAL TSCHANG JING-WU
Religion ist Gift.

Hinter den beiden Generälen tritt Ngawang aus dem Tempel. Sein Blick fällt auf Harrer, der sich zutiefst entmutigt abwendet.

DACH DES POTALA – ABENDDÄMMERUNG
Durch sein Fernrohr beobachtet der Dalai Lama die sowjetische Transportmaschine, die wie ein Aasgeier über Lhasa am Himmel kreist, dann zu den Bergen hin abschwenkt und hinter dem Gebirgskamm verschwindet. Der Dalai Lama läßt seinen Blick durch das Fernrohr in weitem Radius über die ganze Stadt schweifen. Fast wie in Trance murmelt er leise vor sich hin. Erst nach einer Weile wird deutlich, daß er ein Gebet spricht.

TSARONGS GARTEN — TAG

Tsarong döst in einem Ruhesessel vor sich hin. Taschi deckt den Tisch für das Mittagessen; Harrer repariert einen schadhaften Sonnenschirm. Beide gehen ihrer Beschäftigung schweigend nach, sie genießen diesen seltenen Augenblick der Ruhe. So vertieft sind sie in ihre Arbeit, daß sie den Heeresinspektor nicht bemerken, der leise in den Garten schlüpft und sich zu Tsarong setzt. Er tippt Tsarong leicht auf die Schulter, um ihn zu wecken. Flüstert ihm etwas ins Ohr.

TSARONG
(laut)
   Nein.

Harrer und Taschi heben mit einem Ruck den Kopf. Ohne sich zu besinnen, eilt Harrer augenblicklich zu Tsarong. Dieser reicht ihm ein Telegramm. Harrer liest es laut.

HARRER

»Unter dem Oberkommando von General Tschang Jing-wu haben die chinesischen Truppen heute am frühen Morgen mit 84 000 Mann die tibetische Grenze bei Denkong überschritten. Die tibetische Heeresführung glaubt, daß ein Angriff auf Tschamdo, die Hauptstadt der osttibetischen Provinz Kham, unmittelbar bevorsteht …«

STRASSE VOR DER FESTUNG VON TSCHAMDO

Auf einem Berg ragt, zum Schutz der Stadt Tschamdo erbaut, eine alte Steinfestung auf. Ein Titel erscheint im Bild: »Tschamdo, Provinz Kham – unweit der chinesischen Grenze«.
Harrers Stimme fährt mit dem Vorlesen des Telegramms fort.

HARRER (aus dem Off)

»Ngawang Dschigme, der neu ernannte Gouverneur der Provinz, trifft Vorbereitungen, den chinesischen Streitkräften Truppen entgegenzuschicken, um ihren Vormarsch aufzuhalten.«

TIBETISCHES TRUPPENHAUPTQUARTIER IN TSCHAMDO – TAG

Stolz und gebieterisch steht Ngawang Dschigme an einem Fenster und starrt hinunter auf das hektische Treiben in der Festung von Tschamdo.

FESTUNG VON TSCHAMDO – TAG

Hinter den Mauern der Festung ein mächtiger Hügel – ein Munitionsdepot. Ein Tunnel führt in das Munitionsdepot; Khampas schaffen Gewehre, Geschütze und Schießpulver durch den Tunnel in das Depot. Ein Trupp tibetischer Soldaten marschiert in nachlässiger, auseinandergezogener Formation zum Festungstor hinaus.

TIBETISCHES TRUPPENHAUPTQUARTIER – TAG

Mudscha Dagon, ein geradliniger und tüchtiger tibetischer General, tritt zu Ngawang Dschigme, der noch immer am Fenster steht. Mudscha Dagon mustert Ngawang eine Weile schweigend, bevor er das Wort an ihn richtet.

MUDSCHA DAGON

Wie Sie wissen, Ngawang Dschigme, ist Tschamdo das Tor zu Tibet. Wenn Tschamdo fällt, wird ganz Tibet fallen.

NGAWANG

(gereizt)

Wenn ich das nicht wüßte, hätte man mich nicht auf den Gouverneursposten berufen.

MUDSCHA DAGON

Ich hoffe, Sie wissen auch, daß unsere Truppen nicht bereit sind zu kapitulieren. Sie sind entschlossen, bis zum letzten Mann gegen die Chinesen zu kämpfen.

Ngawang dreht sich zu dem General um. Ihm ist die leise Drohung, die in seinen Worten mitschwingt, nicht entgangen.

191

NGAWANG

Seien Sie versichert, daß es keine Kapitulation geben wird, solange ich in Tschamdo bin.

Er blickt wieder aus dem Fenster und sieht darin sein eigenes Spiegelbild.

SCHLUCHT – ABENDDÄMMERUNG

Wie ein schnell fließender Strom aus Menschenleibern marschiert eine endlose Schlange chinesischer Soldaten dahin. Naheinstellung ihrer neuen Uniformen und glänzenden Waffen. Naheinstellung der gnadenlosen Härte in ihren Augen.

SCHLUCHT – NACHT

Ein Trupp schlafender tibetischer Soldaten, ihre Pferde grasen an einem Wasserloch. In der undurchdringlichen Dunkelheit schwärmt die endlose Kette chinesischer Soldaten aus und kesselt das Lager mit tödlicher Präzision ein. Ein chinesischer Kommandant gibt leise die Order zum Stehenbleiben. Jeder der Soldaten hält eine Handgranate umklammert.

Die meisten der schlafenden Soldaten halten Gebetsketten in den Händen. Ein junger Feldwebel wacht auf, hört das angstvolle Gewieher der Pferde, kann in der samtenen Dunkelheit aber nichts sehen. Schreckensbleich weckt er ein paar Männer in seiner Nähe. Sie hören alle möglichen undefinierbaren Geräusche und wecken hastig die übrigen Männer aus dem Schlaf. Jetzt ist ihnen, als würden sie von allen Seiten Schritte hören; alle greifen hastig nach ihren Gewehren, obwohl sie spüren, daß es ein sinnloses Unterfangen ist, weil sie nicht wissen, welches Ziel sie anvisieren sollen.

Plötzlich zerreißt ein gleißendes weißes Licht die Dunkelheit – von den umliegenden Höhen prasseln Leuchtbomben herunter, und in ihrem hellen Schein werden die entsetzten Tibeter zur ungeschützten Zielscheibe.

Granaten und Mörsergeschosse heulen durch die Luft. Die Schlucht wird zum Schauplatz eines einzigen Gemetzels. Soldaten werden in Fetzen gerissen wie Stoffpuppen; Überlebende rennen in kopfloser Flucht durcheinander. Werden von einer Maschinengewehrsalve niedergemäht.

Die chinesischen Truppen hören nicht auf, Leuchtbomben in die Schlucht zu schleudern. Und feuern unaufhörlich. Die Schlucht wird von gleißenden Leucht-spuren erhellt, in deren Schein die gehetzten tibetischen Soldaten unter dem prasselnd auf sie herunterregnenden Geschützfeuer umfallen wie die Fliegen. Ein tibetischer Soldat vermag zu entkommen, er schwingt sich auf ein Pferd und galoppiert in blankem Entsetzen davon.

TOR VOR DER FESTUNG VON TSCHAMDO
Der Soldat, der dem Massaker entkommen konnte, prescht in gestrecktem Galopp in die Festung.

TIBETISCHES TRUPPENHAUPTQUARTIER – MORGENGRAUEN
In Gegenwart des Soldaten wendet sich Ngawang Dschigme mit ruhiger Stimme an Mudscha Dagon und eine Gruppe von Heeresoffizieren.

NGAWANG
Radio Lhasa. Sofort. Wir bitten um die Erlaubnis, uns zu ergeben.

Mudscha Dagon hebt wie vom Donner gerührt den Kopf.

MUDSCHA DAGON
Aber … Sie haben gesagt, es wird keine Kapitulation geben, solange Sie –

Ngawang bringt ihn mit einer herrischen Geste zum Schweigen, ganz so, wie er selbst einmal vor langer Zeit vom Regenten abgefertigt wurde. Sein Ton ist eisig.

NGAWANG
Radio Lhasa habe ich gesagt. Erlaubnis zur Kapitulation. Sofort.

Damit macht er auf dem Absatz kehrt und verläßt den Raum.

RAUM IM TRUPPENHAUPTQUARTIER — MORGENGRAUEN
Scharfe Gewehrsalven hallen von draußen herein. Unheimlich ruhig nimmt Nga-

wang einen goldenen Ohrring ab. Zieht sein gelbes Seidengewand aus und legt eine graue Uniform an.

FESTUNGSHOF – MORGENGRAUEN
Ngawang schlüpft durch die Hintertür des Gebäudes nach draußen. Besteigt sein Pferd. Auf dem Weg zum Eingangstor wird er im Schatten einer Mauer von einem Mann erwartet, der eine brennende Fackel in der Hand hält.

MUNITIONSDEPOT – MORGENGRAUEN
Vom Innern des Munitionsdepots aus sieht man, wie Ngawang dem Mann mit der Fackel ein Zeichen gibt. Der Mann betritt den Tunnel und verschwindet. Ngawang rammt seinem Pferd die Fersen in die Flanken.

FESTUNG – MORGENGRAUEN
Ngawang verläßt im gestreckten Galopp die Festung.

STRASSE AUSSERHALB VON TSCHAMDO – MORGENGRAUEN
Ngawang galoppiert die Straße entlang und dreht sich in dem Augenblick um, als eine gewaltige Explosion das Truppenhauptquartier in seinen Grundfesten erschüttert.

FESTUNG VON TSCHAMDO – MORGENGRAUEN
Das Munitionsdepot steht in hellen Flammen.

ZEREMONIEBALDACHIN AUF WIESE IN LHASA – TAG
Naheinstellung eines Schriftstücks: chinesische Schriftzeichen. In einer weiteren Einstellung sehen wir den chinesischen General Tschang Jing-wu, der das Papier mit übertriebener Begeisterung an einen gramgebeugten Mudscha Dagon weiterreicht. Tschang Jing-wu sitzt an einem Tisch, neben ihm hat Than Gua-san Platz genommen.
Zu diesem Bild hören wir Tsarongs Stimme

TSARONG (aus dem Off)
Wir haben in elf Tagen einen Krieg verloren, Heinrich. Diese Kapitulation ist unser Todesurteil.

Den beiden Generälen gegenüber, neben Mudscha Dagon, sitzt Ngawang Dschigme. Er vermeidet es, den Tibetern, die sich in Scharen um den Baldachin versammelt haben, in die fragenden, bestürzten Augen zu blicken.

TSARONG (aus dem Off)
Und ich fürchte, unser Freund Ngawang Dschigme hat es verhängt.

Die Kamera schwenkt zu den Menschen vor dem Baldachin: Harrer, Aufschnaiter, Pema und Tsarong verfolgen mutlos das Geschehen. Als Mudscha Dagons Feder über dem Vertrag schwebt, der die bedingungslose Kapitulation der Tibeter besiegelt, strömen Tsarong die Tränen über die Wangen. Die chinesischen Generäle warten geduldig, sie haben alle Zeit der Welt.

TSARONG
Er hat Tschamdo den Feinden überlassen. Ließ das Munitionsdepot in die Luft jagen. Ohne Waffen und Munition war die Lage der kampfwilligen Truppen aussichtslos.
(gramgebeugt)
Unsere Widerstandskämpfer hätten die Gebirgspässe noch monate-, wenn nicht jahrelang halten können. Das hätte uns genügend Zeit verschafft, andere Nationen um Hilfe zu bitten. Jetzt ist alles verloren. Sie haben die Tore niedergerissen.

STADTTOR VON LHASA – ABEND
Chinesische Armeejeeps rollen auf das Tor zu, aus Lautsprechern dröhnt blechern die Hymne der Chinesen *Der Osten ist rot*. Am Tor bleiben die Jeeps im wogenden Strom der Menschen stecken, die aus der Stadt fliehen. Lhasa erlebt einen Exodus ohnegleichen – die tibetischen Bewohner schaffen ihre Habe mit Yakkarawanen aus der Stadt, andere tragen alles, was sie besitzen, auf den Schultern.

HAUPTQUARTIER DER VOLKSBEFREIUNGSARMEE – TAG

Harrer geht an der früheren chinesischen Gesandtschaft vorbei, die jetzt als Hauptquartier der Volksbefreiungsarmee dient; vom Dach herunter hat man ein Banner
mit Maos Konterfei entrollt. Ngawang starrt mit undurchdringlicher Miene aus
einem Fenster.

HOF VOR DEM HAUPTQUARTIER DER VOLKSBEFREIUNGSARMEE – TAG

Ngawang kommt eilig aus dem Gebäude und winkt Harrer herbei. Harrer betritt
gemächlich den Hof und mustert Ngawang dabei in verächtlichem Schweigen.

NGAWANG
Hallo, mein Freund. Es ist schön, Sie zu sehen.

Harrer erwidert nichts. Unter seinem schroffen Blick nimmt Ngawang eine ab-
wehrende Haltung an.

NGAWANG
Wir haben getan, was für unser Land das beste war. Für Tibet.

Harrer sieht sich im Hof um, betrachtet die Soldaten, die alle die graugrüne Uniformjacke der Volksbefreiungsarmee tragen. Mit einem Ausdruck des Ekels schüttelt er den Kopf.

HARRER
Wissen Sie, auf meinem Weg nach Lhasa habe ich ständig Tibeter mit diesen Jacken gesehen. Und sie haben gesagt: »Chinesensoldaten sehr freundlich. Sie geben Geld, Essen. Sehr freundlich.« Komisch, daß ein so harmloses Ding wie eine Jacke zum Symbol einer so gewaltigen Lüge werden kann.

Er zieht seine Jacke aus, es ist dieselbe, die Ngawang ihm vor Jahren geschenkt hat. Reicht sie ihm. Ngawang fährt empört zurück.

NGAWANG
Nach all diesen Jahren haben Sie unsere Bräuche noch immer nicht verstanden. Es ist eine unverzeihliche Beleidigung, ein Geschenk zurückzugeben.

Harrer drückt Ngawang die Jacke energisch in die Hand.

HARRER
Ein Mann, der seine eigene Kultur verrät, sollte keine Vorträge über ihre Bräuche halten.

Wütend macht er kehrt und läßt Ngawang stehen.

JOKHANG — TAG
Harrer schiebt sich durch ein dichtes Menschengedränge zum Tor des Jokhang durch, wo Aufschnaiter und eine Gruppe von Tibetern unzählige Butterlampen entzündet haben. Vor dem Tempel steht Pema mit einem Pergament in der Hand und liest laut daraus vor.

PEMA
Wir beten, daß Seiner Heiligkeit, dem Dalai Lama, die Macht beschieden sein wird, sein Volk zu vereinen. Wir wenden uns demütig an die tibetische Regierung, unserer Bitte Gehör zu schenken und dem Dalai Lama die politische Mündigkeit zuzuerkennen.

PLATZ VOR DEN TOREN DES POTALA — TAG
Naheinstellung eines Plakats: ein horizontal beschriebener Papierstreifen, der auf einem Außenaltar abgelegt wurde. Der Text darauf lautet: »Gebt dem Dalai Lama die Macht«. Naheinstellung eines zweiten Plakats, das an einem *Tschörten* angebracht wird und dieselbe Botschaft verkündet. In einer weiteren Einstellung sieht man, wie Tibeter an allen möglichen heiligen Orten Plakate anbringen.

VERGLASTER ANBAU AUF DEM DACH DES POTALA — TAG
In einem verglasten Dachanbau hockt der Dalai Lama, völlig vertieft in seine Beschäftigung, über einem Wirrwarr von Gegenständen, die aussehen wie die Einzelteile eines technischen Geräts. Um ihn herum liegen mehrere auseinandergenom-

199

mene Spieldosen und Werkzeuge auf dem Boden verstreut. Mit unglaublichem Geschick setzt der Dalai Lama die Spieldose mit dem cingelegten Bergmotiv auf dem Deckel zusammen. Ein Lächeln geht über sein Gesicht, als er den Deckel hebt und das vertraute Wiegenlied erklingt. Beim Klang einer sich öffnenden Tür zuckt er zusammen, entspannt sich aber gleich darauf, als er Harrer sieht, der den Raum betritt.

> HARRER
> Du hast den ganzen Palast in Aufruhr versetzt, Kundün.

> DALAI LAMA
> Ich verstecke mich für einen Tag vor der Welt.

> HARRER
> Schwierig, sich in einem Glashaus zu verstecken, nicht?

Der Dalai Lama zuckt die Achseln. Entgegen seinem sonstigen Wesen wirkt er so verloren, daß Harrer erschrickt. Er setzt sich auf den Boden und lauscht dem Wiegenlied, das immer noch leise aus der Spieldose erklingt.

> HARRER
> Es ist *Claire de Lune*. Von Debussy.

> DALAI LAMA
> Was noch? Was weißt du sonst noch über dieses Lied?

Harrer ist bewußt, daß der Dalai Lama Zeit gewinnen möchte, und er schüttelt den Kopf. Als das Wiegenlied schließlich verklungen ist, nimmt Harrer dem Jungen sanft die Spieldose aus der Hand und stellt sie beiseite.

> HARRER
> Wir sollten jetzt hinuntergehen, Kundün.

TSARONGS HAUS — TAG
Mit vor Trauer starrer Miene schneidet Tsarong jede einzelne Blüte in seinem prachtvollen Garten ab, so daß nur noch ein Meer kahler Stengel stehen bleibt.

STRASSE VOR DEN TOREN VON LHASA — TAG

Immer mehr Soldaten der Volksbefreiungsarmee werden mit Jeeps nach Lhasa gebracht; auf der unbefestigten Straße vor den Toren der Stadt kommen ihnen die Ströme der Menschen entgegen, die aus der Stadt fliehen. Unter ihnen Tsarong und Taschi zu Pferde. Tsarong hält den Blick starr geradeaus auf die Berge gerichtet und blickt nicht ein einziges Mal zurück.

STRASSE VOR DEM POTALA — ABENDDÄMMERUNG

Naheinstellung: Gebetsmühlen, die sich heftig drehen. In einer weiteren Einstellung sieht man Tibeter, die in Massen den Potala umrunden, sich dabei immer wieder auf die Erde werfen und Gebete und Klagegesänge intonieren, um ihre Angst zu besiegen.

SCHLAFZIMMER DES DALAI LAMA — TAG

Mit dem Rücken zu uns sitzt der Dalai Lama im Lotossitz vor einer Buddhastatue. Den Kopf gesenkt, den Rücken kerzengerade aufgerichtet.
Einstellung von der Gegenseite. Der Dalai Lama meditiert. Die Augen halb geschlossen, blickt er in die Ferne, ohne zu sehen. Seine Hände sind leicht und anmutig zu einer Mudra geformt; er ist der Inbegriff der ruhigen Klarheit.

STALLUNGEN — TAG

Harrer ersteht ein paar Maulesel und Pferde.

HARRERS HAUS — NACHT

Fünf Rucksäcke sind auf dem Boden ausgebreitet. Harrer füllt jeden der Rucksäcke mit einer vollständigen Ausrüstung und Lebensmittelvorräten. Aus einem Korb nimmt er zwei Pistolen. Steckt beide in einen der Rucksäcke.

EINGANGSHALLE DES POTALA — TAG

In Begleitung des Haushofmeisters durchquert Harrer die Halle.

HAUSHOFMEISTER

Werden Sie zur Inthronisation kommen, Mister Harrer? Sie findet nächste Woche statt.

Harrer nickt geistesabwesend. Sie sind an der Tür zu den Schlafgemächern des Dalai Lama angelangt. Der Leibwächter, der vor der Tür postiert ist, läßt sie hinein.

VORZIMMER ZUM SCHLAFRAUM — TAG

Harrer nimmt Platz und wartet. Sein besorgter Blick wandert durch den Raum, nimmt vertraute Gegenstände und Bilder auf. Bleibt an einer *thanka* hängen, die einen aus dem Meer emporsteigenden und von vier Kontinenten umgebenen Berg zeigt.

DALAI LAMA (aus dem Off)

Sehe ich aus wie ein … Eierkopf?

Der Dalai Lama steht in der Tür. Er trägt eine Brille. Verlegen schiebt er sie zur Nasenwurzel hoch, er fühlt sich offensichtlich noch nicht ganz wohl damit.

HARRER

(lächelt)

Nein, sie steht dir gut.

Der Dalai Lama geht auf Harrer zu. Er spürt dessen besorgte Stimmung sofort und setzt sich zu ihm.

DALAI LAMA

In Tibet haben wir ein Sprichwort. Wenn das Problem zu lösen ist, sind Sorgen darüber überflüssig. Wenn es nicht zu lösen ist, sind Sorgen darüber nutzlos.

(ruhig)

Also hör auf, dir Sorgen zu machen.

HARRER

Das kann ich nicht, tut mir leid.

(beschwörend)

Du solltest Tibet verlassen, Kundün. Dein Leben ist in großer Gefahr, wenn du hierbleibst.

Der Dalai Lama neigt den Kopf zur Seite und hört ihm mit einem Ausdruck distanzierter Neugier zu.

HARRER
Bitte, verzeih mir meine Vermessenheit, aber ich habe alle Vorbereitungen getroffen, um dich sicher aus der Stadt zu bringen. Wir können nach der feierlichen Inthronisation aufbrechen. Die Chinesen werden nie darauf kommen, daß du diesen Augenblick wählen könntest.

Der Dalai Lama läßt sich das Gesagte durch den Kopf gehen, er ist gerührt über Harrers Besorgnis.

DALAI LAMA
Wie soll ich meinem Volk helfen, wenn ich es im Stich lasse? Was wäre ich dann für ein Führer?

Darauf kann Harrer nicht antworten, die Worte des Dalai Lama haben einen Nerv getroffen.

DALAI LAMA
Ich muß hierbleiben, Henrig. Anderen zu dienen ist mein Weg zur Befreiung.

Einen Moment lang schweigen beide, bevor Harrer das Wort ergreift.

HARRER
Dann gehe ich auch nicht.

DALAI LAMA
Warum nicht?

HARRER
Weil du mein Weg zur Befreiung bist.

Er sucht den Blick des Dalai Lama, aber der Dalai Lama sieht ihn nicht an.

DALAI LAMA

Buddha sagt: »Nicht mein Anblick bringt die Erlösung. Sie erfordert äußerste Anstrengung und beharrliche Übung. Arbeite daher hart und strebe unermüdlich selbst nach deiner Erlösung.«

(sieht Harrer in die Augen)

Ich bin nicht dein Sohn. Und ich habe in dir nie meinen Vater gesehen. Dazu ist unser Umgang miteinander viel zu vertraut.

Harrer fürchtet um seine mühsam gewahrte Fassung und schließt die Augen. Der Dalai Lama schweigt einen Moment, bevor er weiterspricht.

DALAI LAMA

Denkst du jemals an ihn?

Zu aufgewühlt, um zu sprechen, nickt Harrer.

HARRER

Ununterbrochen. Jeden Tag.

DALAI LAMA

Und an was denkst du dann?

Harrer atmet tief durch, um die aufsteigenden Tränen zurückzudrängen.

HARRER

Es sind keine bewußten Gedanken mehr, Kundün. Er ist einfach immer da.

(hält inne)

Er ist mit mir durch Tibet gewandert. Er ist mit mir nach Lhasa gekommen. Wenn ich dich besuche, ist er hier an meiner Seite ...

(hält inne)

Er ist einfach immer da. Ich weiß nicht einmal mehr, wie ich mir die Welt ohne ihn überhaupt vorgestellt habe.

DALAI LAMA

Dann solltest du heimkehren und ihm ein Vater sein.

HARRER
Ich weiß.

Die Tränen laufen ihm ungehemmt über das Gesicht, als er den Dalai Lama jetzt ansieht. Der erwidert seinen Blick mit einem strahlenden Lächeln.

DALAI LAMA
Deine Aufgabe bei mir ist erfüllt.

Harrer seufzt in tiefer Dankbarkeit auf. Einem plötzlichen Impuls folgend, ergreift der Dalai Lama seine Hand.

DALAI LAMA
Aber du mußt bis zu meiner Thronerhebung bleiben. Ich möchte, daß du mich in meiner ganzen Pracht und Herrlichkeit siehst.

HARRER
Es wird mir ein Vergnügen sein, mein Freund.

Eine Weile sitzen sie Hand in Hand da.

DALAI LAMA
Würdest du mir noch einen Gefallen tun?

HARRER
Was immer du willst.

DALAI LAMA
Es gibt etwas, das ich sehen möchte, bevor ich der weltliche Führer meines Landes werde ...

KINO IM GARTEN DES POTALA — TAG
Auf der Leinwand flimmern Schwarzweißbilder von Tänzerinnen in knappen Kleidchen, die aus Eiern hervorbrechen und mit den Beinen zappeln wie wildgewordene Funkenmariechen. Harrer und der Dalai Lama lachen Tränen, während sie sich den Film ansehen.

Noch vor dem ersten Morgengrauen steht der Dalai Lama mit ausgebreiteten Armen vor dem Gewandmeister, der einen grünen Seidenschal um die Taille seines Zeremoniengewandes schlingt. Dann setzt er ihm vorsichtig eine gelbe, zu einer gebogenen Spitze zulaufende Kappe auf den Kopf.
Leises Dröhnen von Hörnern durchdringt die nächtliche Stille. Wird lauter …

POTALA – HALLE ALLER GUTEN TATEN – TAG
Die Klänge von Tuben, Tschinellen und Trommeln schwellen zu einem Crescendo an. In königlicher Haltung sitzt der Dalai Lama auf dem mächtigen, juwelenbesetzten Löwenthron. Feierlich nimmt er das Goldene Rad entgegen – eine heilige Skulptur aus massivem Gold in der Form einer Flamme mit einem achtspeichigen Rad in der Mitte. Er empfängt das Goldene Rad aus den Händen des in Demut geneigten Regenten.

> REGENT
> Von der tibetischen Regierung an Eure Heiligkeit, den Vierzehnten Dalai Lama.
> *(macht eine Pause)*
> Wir bitten darum, daß Ihr Euer Volk als geistlicher und weltlicher Herrscher von Tibet regiert.

Der Dalai Lama hält das Goldene Rad mit den Händen hoch und neigt den Kopf.

> DALAI LAMA
> Kraft eurer Gebete und Wünsche nehme ich demütig an.

Im Hintergrund des Krönungssaals sitzend, wirkt Harrer unscheinbar inmitten der Märchenpracht der Zeremonie. Als sich alle Anwesenden erheben, um sich zu verneigen und in Ehrfurcht niederzuwerfen, folgt Harrer ihrem Beispiel. Mit der selbstverständlichen Anmut des geübten Gläubigen wirft er sich dreimal zu Boden und bringt so seine Ergebenheit für den neuen Herrscher von Tibet zum Ausdruck.

Naheinstellung einer Schale, die mit Buttertee gefüllt wird. Eine dicke Butterschicht sammelt sich an der Oberfläche. Aufschnaiter reicht Harrer die Schale. Harrer schüttet das Getränk mit einem Schluck hinunter und schneidet eine gequälte Grimasse.

HARRER
Buttertee war noch nie mein Fall.

Er setzt die Schale ab. Aufschnaiter gießt ihm augenblicklich nach.

HARRER
Danke. Aber eine reicht.

AUFSCHNAITER
Du mußt dich an den Brauch halten. Zum Abschied wird für den guten Freund eine Schale Tee eingeschenkt ...

Seufzend hebt Harrer die Schale an die Lippen, aber seine Hand wird auf halbem Wege aufgehalten. Aufschnaiter nimmt Harrer die Schale aus der Hand und stellt sie auf den Tisch zurück.

AUFSCHNAITER
Sie bleibt unberührt stehen, bis er wiederkommt.

AUFSCHNAITERS HAUS — ABENDDÄMMERUNG
Pema und Aufschnaiter stehen auf der Veranda und sehen Harrer nach, der sich mit einem prallen Rucksack auf dem Rücken vom Haus entfernt.

AUFSCHNAITERS HAUS — ABENDDÄMMERUNG
Die Schale steht, randvoll mit Tee gefüllt, auf dem Tisch.

POTALA — TAG
Harrer steigt die lange Treppenflucht zum Palast hinauf und blickt hinunter auf Lhasa, funkelnd wie ein Juwel.

TREPPE DES POTALA — TAG
Am Ende der Treppe angelangt, tritt Harrer in den weiten Hof des Potala hinaus.

HOF DES POTALA — TAG
Der Dalai Lama erwartet ihn; sein rotes Mönchsgewand bauscht sich im Wind. Mit seinen vierzehn Jahren hat er sich erstaunlich schnell die Haltung eines gereiften Herrschers und Mannes angeeignet. Er geht Harrer entgegen, um ihn zu begrüßen. Mit einem Ausdruck unerschütterlicher Zärtlichkeit und Liebe sehen sich die beiden Freunde in die Augen. Dann tut der Dalai Lama etwas, was er noch nie zuvor mit Harrer getan hat.
Er segnet ihn.
Er legt seine Stirn an die Stirn des Freundes und spricht, in dieser Pose verharrend, ein Gebet.

DALAI LAMA
»Mögen alle Reisenden Glück finden, wohin sie auch gehen. Möge ihnen ohne

Mühe gelingen, was immer sie sich zum Ziel gesetzt haben. Und mögen sie, wenn sie sicher zum Ufer zurückgekehrt sind, in Freude wieder mit ihren Lieben vereint werden.«

Dann legt er Harrer liebevoll eine *khata* um den Hals.

TREPPE DES POTALA — TAG
Aus der Ferne sehen wir Harrer die Treppe hinuntersteigen. Am Fuß der Treppe wartet ein Mönchsdiener auf ihn, der ihm ein kleines in braunes Packpapier eingewickeltes Päckchen aushändigt.

MÖNCHSDIENER
Von Seiner Heiligkeit.

STADTTOR VON LHASA — TAG
Immer noch rollen chinesische Militärfahrzeuge auf Lhasa zu, als Harrer die Stadt auf demselben Wege verläßt, auf dem er sich ihr vor vielen Jahren genähert hat. Er verlangsamt den Schritt und nimmt das kristallklare Licht in sich auf, das über dem Kyichutal liegt, den volltönenden Klang der Schellen und Gesänge aus der Ferne. Er bleibt stehen. Dreht sich langsam um und blickt auf Lhasa zurück. Läßt den Blick zum Potala hinauf schweifen und lächelt.

SUBJEKTIVE — POTALA:
Am Rand des Dachs steht eine kleine Gestalt und schaut durch ein Fernrohr.

STRASSE IN ÖSTERREICH — TAG
Ein Titel erscheint im Bild: »Österreich, 1951«. Ein Bus, auf dessen Seitenfläche eine Staubsaugerwerbung prangt, rattert eine belebte Straße entlang und kommt mit kreischenden Bremsen vor einem Kiosk zum Stehen. Lärmend hasten Männer und Frauen in hektischem Gedränge zum Einstieg. Unter den Passanten auf der Straße fängt die Kamera Harrer ein, der gemächlich durch den Trubel geht und ein kleines, in braunes Packpapier eingewickeltes Päckchen in der Hand hält. An einem vornehmen Wohnhaus angelangt, überfliegt er die Namen auf den Klingelschildern. Zögert einen Augenblick, bevor er auf eine der Klingeln drückt.

HAUSFLUR — TAG

Eine Wohnungstür geht auf. In der Tür steht Ingrid, ein paar Schritte hinter ihr taucht Horst auf. Beide sind stumm vor Verlegenheit, während Harrer unschlüssig vor der Tür steht und darauf wartet, in die Wohnung gebeten zu werden.

> INGRID
> Ich habe ihm gesagt, daß du kommst.

Sie tritt beiseite und läßt Harrer eintreten. Harrer und Horst begrüßen sich mit einem Nicken. Sie wissen nicht, was sie sagen sollen.

WOHNZIMMER — TAG

Harrer folgt Ingrid durch ein geräumiges, elegant möbliertes Wohnzimmer. Sie führt ihn durch einen Flur.

WOHNUNGSFLUR — TAG

Vor einer geschlossenen Tür bleibt Ingrid stehen. Klopft leise an und öffnet dann die Tür.

> INGRID
> Rolf? Komm her und begrüße … ihn.

Eine Jungenstimme antwortet aus dem Zimmer.

> ROLF (aus dem Off)
> Ich will nicht.

Sie wirft Harrer einen Blick zu, der leichthin die Achseln zuckt. Dann fordert er sie mit einer höflichen Geste auf, beiseite zu treten. Und er geht in das Zimmer.

ROLFS ZIMMER — TAG

Alle erdenklichen teuren Spielsachen und Sporttrophäen sind stolz auf den Regalen im Zimmer aufgebaut. Harrer scheint überwältigt angesichts der Fülle von Besitztümern, die ein elfjähriger Junge sein eigen nennen kann. Aber es ist weit und breit kein Junge zu sehen.
Harrers Blick fällt auf einen Wandschrank, dessen Tür einen Spaltbreit offen steht.

Lächelt in sich hinein. Legt das Päckchen auf den Tisch und beginnt, es langsam auszuwickeln. Harrer schaut verstohlen zum Wandschrank hinüber und sieht, daß sich die Tür ein Stück weiter öffnet.

Er nimmt das Geschenk aus seiner Verpackung. Es ist die Spieldose mit dem im Deckel eingearbeiteten Bergmotiv. Die Tür des Wandschranks steht jetzt halb offen, und ein blonder Haarschopf lugt aus dem Schrank hervor.

Mit unendlicher Geduld zieht Harrer die Spieldose auf. Die Schranktür bewegt sich nicht. Vorsichtig öffnet er den Deckel der Spieldose, und das Wiegenlied von Debussy klingt durch den Raum. Dann stellt er die Spieldose vor die Schranktür und verläßt leise das Zimmer.

WOHNUNGSFLUR – TAG

Harrer lugt durch die einen Spaltweit geöffnete Zimmertür und beobachtet, wie ganz langsam die Schranktür aufgeht. Wie ein von Sirenengesängen angelockter Schlafwandler tritt Rolf Harrer aus dem Wandschrank hervor. Er ist das kleinere Ebenbild von Harrer. Er vergewissert sich, ob Harrer den Raum wirklich verlassen hat, dann beugt er sich zu der Spieldose hinunter und hält verzückt das Ohr daran.

WOHNUNGSFLUR – TAG

Mit stiller Zufriedenheit betrachtet Harrer seinen Sohn, dann geht er langsam den Flur hinunter.

BERGHANG – TAG

Ein älterer Harrer sichert das Seil, während Rolf über eine Steilwand zum Gipfel hinaufklettert. Oben angelangt, tauschen Vater und Sohn einen bewundernden Blick aus.

Eine Schrifttafel erscheint im Bild, in dem wir Harrer sehen, der oben auf dem Grat sitzt, und Rolf, der ein Stück von ihm entfernt steht. Neben Harrer steckt eine kleine Flagge im Fels. Der Wind zerrt an dem kleinen Stück Tuch, auf dem die weißen Schneelöwen der tibetischen Nationalflagge zu sehen sind.

211

Die Eroberung Tibets durch die Chinesen kostete mehr als 1,2 Millionen Tibetern das Leben. Mehr als sechstausend Klöster wurden zerstört.

1959 wurde der Dalai Lama gezwungen, ins indische Exil zu fliehen. Dort lebt er noch heute und bemüht sich um eine friedliche Lösung mit den Chinesen.

Nach Österreich zurückgekehrt, schrieb Heinrich Harrer Sieben Jahre in Tibet *und eine Reihe anderer Bücher über dieses tolerante Volk und seine religiöse Kultur, die ihn so tief beeindruckt haben.*

1989 wurde dem Dalai Lama der Friedensnobelpreis verliehen.

Heinrich Harrer und der Dalai Lama sind bis heute Freunde geblieben.

ENDE

Dies ist das letzte Foto, das Heinrich Harrer bei seiner Abreise aus Lhasa machte. Er erinnert sich: »Mitte November 1950 verließ ich Lhasa. Schwer war der Abschied von dem Haus, von meinem geliebten Garten und den Dienern, die weinend um mich herumstanden. Es war ein trüber Morgen, als ich in mein kleines Yakhautboot stieg. Ich wollte den Kyitschu bis zu seinem Zusammenfluß mit dem großen Tsangpo hinunterfahren. Ich saß im Boot und konnte meinen Blick nicht vom Potala abwenden, der noch lange das Bild beherrschte, denn ich wußte, daß dort jetzt der junge Dalai Lama stand und mir mit seinem Fernrohr nachsah.«

Tibet auf der Leinwand

von Robert A.F. Thurman *

Dieser wundervolle Film hat mich derart bewegt, daß ich allen Leuten danken möchte, die daran mitgearbeitet haben. Nun wird es einer größeren Öffentlichkeit zum erstenmal möglich sein, die wahre Geschichte des tibetischen Holocaust auf der Leinwand zu sehen.

Mit großer Sachkenntnis zeichnet die Drehbuchautorin Becky Johnston in der Erzählhandlung das Porträt des meisterhaften Bergsteigers, dem die Besteigung der höchsten Himalajagipfel mißlingt und der dann aus dem Alptraum des Weltkrieges in ein wahres Shangri-La flüchtet, das noch wunderbarer ist als jede Erfindung. Johnston enthüllt auch, daß der Held im Grunde seines Herzen nach etwas ganz anderem strebt. Deshalb wird es ihm durch seine Begegnung mit dem Dalai Lama und den Tibetern schließlich möglich, seine Menschlichkeit zu entdecken. Couragiert übernahm Brad Pitt die Aufgabe, diesen komplizierten Charakter darzustellen, der eine nachhaltige Zerreißprobe durchlebt, zu sich selbst findet und schließlich zum Fürsprecher eines Volkes in tödlicher Gefahr wird.

Wie sehr das Herz dieses Mannes aus dem Westen durch die tibetische Kultur verändert wurde, konnte Jean-Jacques Annaud sehr gut nachvollziehen, und er stellte sich der Herausforderung, dieses historische Abenteuer zu erzählen. Dabei begann er bei einem Wanderer, der im exotischsten aller Länder nach sich selbst sucht, und endete bei der Geschichte eines einzigartigen Volkes und seines einzigartigen Oberhaupts. Fünfzig Jahre lang hat die Weltöffentlichkeit Tibet einfach seinem Schicksal überlassen. Obwohl sie angesichts von Invasion, Kolonisation, kultureller Unterdrückung und Völkermord, die bis zum heutigen Tage anhalten, um ihr Leben bangen mußten, haben die Tibeter bis heute ihre Menschlichkeit nicht verloren.

---

* Robert A. F. Thurman ist Professor für indotibetische Buddhismusforschung an der Columbia University

214

Heinrich Harrer gehörte zu den ganz wenigen Europäern, die einige Jahre im alten Tibet verbringen konnten, bevor es zerstört wurde. Er sprach fließend tibetisch und wurde sogar zum Kenner des eleganten Sprachstils, den man in Lhasa pflegte. Obwohl er die Tibeter und ihre Lebensart zu schätzen lernte, drang er nicht sehr tief in die buddhistische Lehre ein, die mit ihren Philosophien, Künsten, Zeremonien und ihrer komplizierten Ethik das Zentrum dieser hochentwickelten Kultur bildet. Doch letztendlich entpuppte sich das als Vorteil. Denn als er in seinem berühmten Buch und in zahllosen Vorträgen leidenschaftlich Anklage erhob, um die gleichgültige Welt aufzurütteln, war sein Engagement um so wirkungsvoller, da es von einem Europäer kam, der nicht zum »Einheimischen« geworden war.

Unter dem Vorwand, Tibet gehöre zu China und müsse »vom Imperialismus befreit werden«, marschierten die Chinesen 1949 und 1950 in Tibet ein. Niemals zuvor war Tibet erobert worden, und selbst nach modernen Begriffen war es, obwohl isoliert, seit 1912 stets unabhängig gewesen. Diese Tatsache war auch in England, Rußland, Nationalchina und Amerika bestens bekannt. Auf dem gesamten Staatsgebiet, das weitgehend 4800 Meter hoch liegt, war kein einziger Chinese ansässig, und die »Imperialisten« bestanden aus einer Handvoll westlicher Besucher.

In den folgenden dreißig Jahren wurde das Land in eine sogenannte Autonome Region (dort lebte nur ein Drittel aller Tibeter), eine separate Provinz (Qinghai) und vier autonome Präfekturen anderer chinesischer Provinzen unterteilt. Mehr als 1,2 der 6 Millionen Tibeter wurden getötet, 6254 größere Klöster vollständig zerstört, und nur 13 blieben — wenn auch entweiht — zum Teil verschont. Sämtliche 800 000 Mönche und Nonnen wurden gezwungen, ihre Kleidung abzulegen, ihrer Religion abzuschwören oder — unter Androhung von Waffengewalt — sich gegenseitig umzubringen; nur ein paar Tausenden gelang die Flucht über die Himalajapässe nach Nepal, Bhutan oder Indien. Hunderttausende von Tibetern — die gesamte Oberschicht und viele aus der Unterschicht, die angeblich wieder freigelassen werden sollten — wurden wegen ihrer Gefolgschaft zum Buddhismus und wegen Widerstands gegen die maoistische Gewehrlaufideologie ins Gefängnis geworfen. Dann begann die Kolonialisierung durch Ansiedlung chinesischer Siedler: Mischehen wurden gefördert, Frauen zur Sterilisation gezwungen, die tibetische Sprache verboten, Kinder gewaltsam aus ihren Familien gerissen und zum Unterricht nach China verschleppt und so weiter.

Die Politik der chinesischen Regierung war eindeutig: Die Tibeter sollten ausgerottet und durch chinesische Siedler ersetzt werden. Die tibetische Kultur und Zivilisation sollten zerstört und durch kommunistische »Kultur« und moderne, homogene chinesische Städte aus Beton ersetzt werden. 1950 gelobte Mao öffentlich, daß er bis 1960 in Tibet 50 Millionen Chinesen ansiedeln werde. Bei einem Treffen des Tibetkomitees 1994 gelobten Li Pengs Kader, daß »das Problem Tibet« durch intensive ökonomische Entwicklung, die den Zuzug einer größeren Anzahl von Chinesen dringend erforderlich mache, endlich gelöst werde. Ein eindeutiger Fall von Völkermord, der auch gegenwärtig noch weitergeht.

Trotz jahrelanger Anstrengungen ist dieser Völkermord, auf den der Rest der Welt bisher mit scheinheiliger Apathie oder Ignoranz reagierte, bis heute nicht beendet. Einer der Hauptgründe dafür ist wohl in Tibets einzigartiger Geographie zu suchen. Da das Land auf einer durchschnittlichen Höhe von 4500 Metern liegt, erbringen die landwirtschaftlichen Methoden der Chinesen unter den gegebenen klimatischen Bedingungen nicht genügend Erträge, um eine angemessene Bevölkerungszahl zu versorgen. Die chinesischen Kolonialisten leben überwiegend in Armeelagern, Arbeitslagern oder künstlichen, neu erbauten Städten und müssen von außen versorgt werden. Alle lebenswichtigen Dinge müssen entweder mit dem Flugzeug oder mit Lastwagen über ein Straßensystem von 3200 Kilometer Länge transportiert werden, wobei die Bergstraßen häufig unpassierbar sind. Die enormen Kosten, die aufgewendet werden mußten, um überhaupt Leute in diese hoch gelegene Unwirtlichkeit zu locken, haben die Chinesen durch rücksichtslose Ausbeutung der natürlichen Ressourcen zu kompensieren versucht: 75 Prozent des ursprünglichen Waldbestandes wurden abgeholzt, einzigartig wirksame Heilkräuter des Himalaja wurden einfach ausgemerzt und 90 Prozent des Wildbestandes abgeschlachtet; Bodenschätze wurden mit ökologisch verheerenden Methoden abgebaut, die empfindlichen Hochsteppen überweidet und in Wüsten verwandelt; um Energie zu produzieren, hat man Gletscherseen abgeleitet und dabei die Ablagerungsmuster mächtiger Bergflüsse zerstört.

Aber die wenigsten wissen, daß der geplante Völkermord unweigerlich scheitern muß. Wenn die Chinesen wirklich in der Lage wären, die Tibeter, die sich in

Jahrtausenden an diese einzigartige Umwelt angepaßt haben, zu ersetzen, dann hätten sie es schon vor langer Zeit getan, dann wären Tibets 1,2 Millionen Quadratkilometer schon seit Jahrhunderten von Chinesen bevölkert. Keine Diktatorclique wird bereit sein, Hunderte von Milliarden Dollar auszugeben, um künstliche Siedlungen auf unabsehbare Zeit zu unterhalten. Wenn in einer globalen Welt einmal jede geopolitische Lage ihre Bedeutung verloren hat und wenn Tibets natürliche Ressourcen vollständig erschöpft sind, werden die chinesischen Siedler ohnehin nach Hause zurückkehren. Dann wird die ganze Welt zugegen sein, wenn die Überlebenden benommen feststellen müssen, daß sich ihr einstmals herrliches Land in eine vollkommene Ödnis verwandelt hat.

Das ganze Ausmaß dieser Tragödie kann jetzt noch verhindert werden, wenn die Völker der Welt, einschließlich der Völker Chinas, erkennen, was in Tibet geschieht. Wenn sie das wirklich erkennen, werden sie so lange keine Ruhe geben, bis die verwirrten, kurzsichtigen Führer (nicht nur in China, sondern in allen beteiligten Ländern) ihre unmoralische, unökonomische Politik aufgeben.

Sieben Jahre in Tibet sagt auf subtile, aber unbestechliche Art die Wahrheit über Tibet und seine grauenhafte Tragödie. Der Film zeigt ein ergreifendes menschliches Schicksal, und seine Wahrheit kann uns frei machen. Der Träger des Friedensnobelpreises 1989, Seine Heiligkeit der Dalai Lama, hat gesagt: »Unsere einzige Waffe ist die Wahrheit.« Nur die Wahrheit kann die Tibeter befreien. Nur die Wahrheit kann die Chinesen befreien. Wir alle sind mit ihrer Tragödie verbunden, gleichgültig, ob wir es nun wissen oder nicht. Deshalb brauchen wir alle diese Wahrheit.

Weiterführende Literatur

AVEDON, JOHN. *In Exile from the Land of Snows*, Harper Perennial, 1994.
Ein Interview mit dem Dalai Lama, Diamant, 1985.

BATCHELOR, STEPHEN. *Der große Tibet-Führer*. Vorwort von Dalai Lama, Steiger Augsburg, Neuaufl. 1993.

BELL, CHARLES. *The Portrait of the Dalai Lama*, Wisdom Publications, 1987.

CHAN, VICTOR. *Tibet Handbook*, Moon Publications, 1994.

COLEMAN, GRAHAM. *A Handbood of Tibetan Culture*, Shambala, 1994.

DALAI LAMA. *Mein Leben und mein Volk*. Die Tragödie Tibets, Knaur, Neuaufl. 1992.
Eine Politik der Güte, Walter-Verlag, Neuaufl. 1992.
Kindness, Clarity and Insight, Snow Lion Publications, 1985.
The World of Tibetan Buddhism, Wisdom, 1995.

DAVID NÉEL, ALEXANDRA. Leben in Tibet. Kulinarische und andere Traditionen aus dem Lande des ewigen Schnees, Hugendubel, 4. Aufl. 1994.
My Journey to Lhasa, Beacon Press, 1993.
Mystery and Magic in Tibet, Dover, 1971.

EVANS-WENTZ (Hrsg.). *Das Tibetanische Totenbuch*. Oder die Nachtod-Erfahrungen auf der Bardo-Stufe, Walter Verlag, 19. Aufl. 1996.

FORD, ROBERT. *Captured in Tibet*, George Harrap & Co., 1957.

GOLDSTEIN, MELVYN. *History of Modern Tibet 1913–1951*, University of California Press, 1989.

GOODMAN, MICHAEL HARRIS. *The Last Dalai Lama*, Shambala, 1986.

GOVINDA, ANAGARIKA. *Der Weg der weißen Wolken*. Erlebnis eines buddhistischen Pilgers in Tibet, Scherz, 1975.
The Foundations of Tibetan Mysticism, Samuel Weiser, 1991.

HARRER, HEINRICH. *Das alte Lhasa. Bilder aus Tibet*, Ullstein Buchverlage, 1997.
Erinnerungen an Tibet, Ullstein Buchverlage, 1993.

Sieben Jahre in Tibet. Mein Leben am Hofe des Dalai Lama, Ullstein Buchverlage, 23. Aufl. 1997.

Wiedersehen mit Tibet, Ullstein Buchverlage, 1986.

LHALUNGPA, LOBSANG. *Tibet: Sacred Realm, Photographs 1880–1950*, Time Books International, 1983.

NORMANTON, SIMON. *Tibet, the Lost Civilization*, Viking, 1989.

PEISSEL, MICHEL. *Cavaliers of Kham: the Secret War in Tibet*, William Heinemann, 1972.

RICHARDSON, HUGH. *Short History of Tibet*, E. P. Dutton, 1962

Ceremonies of the Lasha Year, Serindia Publications, 1993

ROWELL, GALEN AND THE DALAI LAMA. *My Tibet*, University of California Press, 1995.

SHANTIDEVA. *A Guide to the Bodhisattva's Way of Life*, Library of Tibetan Works and Archives, 1979, 1992.

SNELLGROVE, DAVID AND HUGH RICHARDSON. *A Cultural History of Tibet*, Weidenfeld & Nicholson, 1968.

SOGYAL, RIMPOCHE. *Das tibetische Buch vom Leben und vom Sterben.* Befreit leben im Bewußtsein der eigenen Vergänglichkeit, Scherz, 1993.

TARING, RINCHEN. *Ich bin eine Tochter Tibets*, Bastei Lübbe, 1995.

THOMAS, LOWELL. *Silent War in Tibet*, Doubleday & Co., 1959.

TUCCI, GUISEPPE. *To Lhasa and Beyond*, Snow Lion Publications, 1983.

TUNG, ROSEMARY JONES. *A Portrait of Lost Tibet*, Snow Lion Publications, 1987.

Über die Autoren

Nachdem er im Alter von zwanzig Jahren sein Studium an dem renommierten Institut des Hautes Etudes Cinématographiques mit dem Diplom abgeschlossen hatte, erzielte JEAN-JACQUES ANNAUD mit Werbefilmen rasch große Erfolge. Als er 23 Jahre alt war, wurde seine Karriere durch den Militärdienst unterbrochen. Man schickte ihn nach Kamerun, wo er als Filmregisseur bei der Armee eingesetzt wurde, Einheimische in Filmtechnik ausbildete und selbst eine Reihe von Lehrfilmen drehte. Er verliebte sich in Afrika und beschloß, seinen ersten Spielfilm dort zu drehen. Nachdem er sich entschlossen hatte, keine Werbefilme mehr zu machen, löste er ein Versprechen ein, das er sich selbst gegeben hatte, und drehte *Sehnsucht nach Afrika*, der 1978 mit einem Oscar für den besten ausländischen Film ausgezeichnet wurde. Danach drehte er die Komödie *Coup de* ??? nach einem Drehbuch von Francis Verber, dem Autor von *Ein Käfig voller Narren*. Dann machte er *Am Anfang war das Feuer*, *Der Name der Rose* und *Der Bär*, die alle mit einem César ausgezeichnet wurden. Es folgten *Der Liebhaber* und *Wings of Courage* in 3-D-IMAX.

BECKY JOHNSTON wurde in Michigan geboren und absolvierte ein Kunststudium. Der Wunsch, Drehbücher zu schreiben, führte sie nach Los Angeles. Ihr erstes produziertes Skript war für den Prince-Film *Under the Cherry Moon*, und 1991 wurde ihr Drehbuch für *The Prince of Tides* mit Barbra Streisand für den Oscar nominiert. Erst kürzlich hat sie das Drehbuch für eine neue Version von *Laura* fertiggestellt und arbeitet nun mit Jean-Jacques Annaud an einem neuen Projekt.

LARRY CHOLLET lebt als freiberuflicher Autor in New York. Seine Arbeiten erschienen in zahlreichen Publikationen, u.a. *Los Angeles Times*, *Los Angeles Times Magazin*, *The Manchester Guardian*, *Shambala Sun* und *Projections*. Zur Zeit arbeitet er an einem Buch über Annaud und seine Filme.

Danksagung

Verlag und Autoren danken für die freundliche Genehmigung zum Abdruck: Jeremy Tarcher Books/Ullstein Buchverlage (Karte mit Heinrich Harrers Fluchtroute); Heinrich Harrer (historische Aufnahmen) und Jean-Jacques Annaud (Bildmappe).

Laurence Chollet sagt Dank: Jean-Jacques Annaud (dafür, daß er das ganze Projekt überhaupt möglich gemacht hat), Alisa Tager, Robert Fraisse, Becky Johnston, Enrico Sabbatini, Susan d'Arcy und Laurence Annaud (für die große Geduld, mit der sie auf seine ständigen Fragen reagierten, und ihre unschätzbare Hilfe) sowie Gerard Fataboy Rauluk, Anne Moore und Betsy Chollet (für redaktionelle Unterstützung).

Der Dank des Verlages für großzügige Unterstützung geht an John Jacobs, Darrell Walker, Dennis Nollette, Fae Horowitz, Zayda Vidal, Paul Goldsmith und Susan d'Arcy bei Mandalay Entertainment sowie an Melanie Hodal und Kimberly Richards-Wire bei DDA; an Stacy Arnold im Produktionsbüro Los Angeles; an Michael Saxton und Giulia Maura bei High Plateau Productions, an Véronique Bataille bei Repérage; an Leslie di Russo am Heinrich Harrer Project; an Susanna Nicklin, the Marsh Agency, sowie an Linda Herman, Diana Landau, Miriam Lewis und Joanna Lynch bei Walking Stick Press.

Original Motion Picture Soundtrack erhältlich bei SONY CLASSICA.

Constantin Film und Mandalay Entertainment präsentieren
eine Repérage und Vanguard Films/Applecross Produktion

Einen Film von Jean-Jacques Annaud

Brad Pitt

Sieben Jahre in Tibet

David Thewlis
B. D. Wong
Mako
Jamyang Jamtsho Wangchuk
Lhakpa Tsamchoe
Jetsun Pema

Musik: John Williams
Cellosoli: Yo-Yo Ma
Kostüme: Enrico Sabbatini
Kamera: Robert Fraisse
Ausführende Produzenten:
Richard Goodwin, Michael Besman, David Nichols
Produzenten:
Jean-Jacques Annaud, John H. Williams, Iain Smith
Nach dem im Ullstein Verlag erschienenen Buch
von Heinrich Harrer
Drehbuch: Becky Johnston
Regie: Jean-Jacques Annaud

im Verleih der

Constantin Film

Expedition in neue Klangwelten

Die Musik zu Film und Buch

Eine große Musik, inspiriert von der atemberaubenden Landschaft des Himalaya und der faszinierenden Kultur Tibets. Packend in Szene gesetzt von dem gefragtesten Komponisten der Traumfabrik Hollywood: **John Williams** (»Star Wars«, »E.T.«, »Schindlers Liste« u.v.a.). Musikalischer Hauptdarsteller ist der Starcellist **Yo-Yo Ma** – international geschätzt für seine künstlerische Virtuosität und seine Aufgeschlossenheit gegenüber neuen Herausforderungen.

ORIGINAL MOTION PICTURE SOUNDTRACK

SIEBEN JAHRE IN TIBET

MUSIK: JOHN WILLIAMS · CELLO SOLOS: YO-YO MA